내가 본 낙원
내가 걸은 지옥

이용호 지음

엘맨
하나님의 사람들 만들어 가는 ELMAN

내가 본 낙원
내가 걸은 지옥

초판1쇄 2022년 1월 7일

지은이 : 이용호
펴낸이 : 이규종
펴낸곳 : 엘맨출판사
등록번호 : 제13-1562호(1985.10.29.)
등록된곳 : 서울시 마포구 토정로222
            한국출판콘텐츠센터 422-3
전화 : (02) 323-4060,6401-7004
팩스 : (02) 323-6416
이메일 : elman1985@hanmail.net

www.elman.kr

ISBN : 978-89-5515-010-0 03230

값 12,000 원

내가 본 낙원
내가 걸은 지옥

이용호 지음

엘맨
하나님의 사람을 만들어 가는 ELMAN

서문

존재하는 모든 것은 지은 분이 계신다.

그리고 그분에 대하여 성경은 이렇게 밝히고 있다.

"태초에 말씀이 계시니라 이 말씀이 하나님과 함께 계셨으니 이 말씀은 곧 하나님이시라 그가 태초에 하나님과 함께 계셨고 만물이 그로 말미암아 지은바 되었으니 지은 것이 하나도 그가 없이는 된 것이 없느니라"고 그리고 만유를 지으신 그분이 이천년전 육신으로 오시어 우리 죄를 대신하며 친히 십자가에 달려죽으심으로 우리의 죄값을 치루셨다.

40의 문턱을 넘어 절망의 벽에 부딪혀 몸부림치던 어느날, 이 신화같은 사실이 조금도 의심없이 믿어졌다.

그리고 어느날 50의 나이에 신학의 문을 두드렸다.

그리고 쉼없는 기도와 함께 4년의 과정을 마쳤다. 그리고 몇날이 지난 어느날 때로는 사슬에 묶이며 주님의 회초리에 아파 울며 만인 앞에서 버린 자의 모습으로 울었다. 그리고 그 아픔안에서 아직도 세상의 허무한 것들을 보배처럼 붙들고 있는 나를 보았고 살아온 날들의 부끄러움도 보았다.

세상의 지식은 비천하고 입술은 둔하여도 침묵하는 죄는 범하지 말아야 하겠기에 이 간증을 마치기까지 점 하나에도 마음을 쏟으며 기도하였다.

차례

제3장 · 주님의 손을 잡고

제4장 · 새로운 도전

제1장

고독한 여정

고된 여정도 더불어 가는 길은 그래도 위로가 된다. 그러나 힘든 길이 혼자만의 여정일때는 다르다. 또한 더불어 사는 듯한데 그 안에서 혼자만의 삶도 있다.

나는 언제부터인가 고독이란 단어를 싫어한다. 잊고픈 아픈 날들을 생각나게 해서 이다.

절망과 환희

주님은 왜 때로는 우리를 아프게 하실까?

그런데 시편기자는 우리의 이 의문에 심오한 고백으로 답을 해주고 있다.

"고난 당한 것이 내게 유익이라 이로 말미암아 내가 주의 율례들을 배우게 되었나이다"(시 119:71) 라고.

누구 없이 피해가고 싶고 거부하고픈 고난을 두고 한 말이기에 더욱 의미 심장하다.

웃을 수 있는 삶만이 행복이 아니요 그런 삶속에서는 삶의 깊은 곳을 볼 수 없기 때문인지도 모른다.

이 말씀만이 아니어도 성경속에는 고난이 우리에게 주는 유익에 대해 많은 부분에서 밝히고 있다.

나의 체험으로도 평범했던 평안의 시간들보다는 고난과 시련의 아픔 속에서 보다 성숙해지고 성장하는 자신을 보며 살아왔다.

또한 세상에 빛을 남긴 선인들마다 고난의 강을 건너지않은 삶이 없었기에 우리는 그들이 흘린 땀과 삶의 무게 앞에서 고개를 숙이곤 한다.

분단된 이 땅에 전쟁의 참화가 한참이든 어느해 겨울, 삼동의 눈보라가 때로는 시야를 가리울 만큼 스산한 어느날, 아버지의 장례를 치루었다. 그리고 그날부터 아버지는 지하에서 숨을 쉴 수 없어 얼마나 힘드시고 괴로우실까 하고 괴로워 하였다. 그때 내 나이 10살이었다.

그렇게 나는 그때까지도 육체의 생물학적 죽음에 대해 무지하였다. 그러나 7개월후 어머니께서 세상을 떠나셨을 때는 그런 고민을 하지 않았다.

그 몇 개월의 성장때문이었는지 모른다.

그러나 철이 조금씩 더 들면서 새로운 의문이 나를 힘들게 하였다.

"나는 왜 살며 어디로 가고 있는가?" 라는 의문이었다.

그리고 이 의문은 내 나이 40의 문턱을 넘을때까지 나를 힘들게 하였다.

고향을 떠나 객지에 떠돌며 어느날은 교회에서 목사의 설교도 들었다. 그러나 종교나 철학의 범주에서이지 복음으로 와 닿지 않았다.

어느날은 사찰에 찾아가 스님과 대화도 나누었다. 그러나 이 의문에 답이없는 삶은 힘들고 고독하였다.

그러던 어느날, 24살의 나이에 떠밀리듯 우수운 결혼을 하였다.

그리고 다시 고향인 진도에 돌아가 손바닥만한 땅을 의지하고 어설픈 둥지를 틀었다. 길이 보이지 않아서였다.

꿈이 없는 삶은 슬프고 고독하였고 매일의 삶이 마치 건조한 땅에서 메말라가는 한 그루의 식물과 같은 느낌이었는데 그러던 어느날부터 가끔 열이 나고 허약해져 갔다. 그리고 이듬해 여름 어느날 밤이었다.

의식은 몽롱한 상태에서 나는 언제부터인가 무서운 신열과 함께 육체의 고통속에서몸부림치고 있었다.

날이 밝아오고 있었다. 그런데 아내가 30대 중후반쯤되어 보이는 남자 한분과 함께 들어왔다.

그분이 선 체로 나를 보며 하는 말이었다.

"중풍입니다. 그러나 오래되지않아 다행입입니다." 라고 했다.

나는 의식이 몽롱한 중에도 기가 막혔다.

"중풍이라니요? 아닙니다." 나는 그분의 말 끝에 1초의 여유도 없이 소리치며 일어서려다 나무토막처럼 그 자리에 쓰러졌다.

그리고 나는 그때서야 나의 반신이 마비되었음을 알았다.

무서운 절망이 나를 삼키고 있었다. 그러나 나는 그분의 위로를 받으며 애써 침착하려고 힘쓰기 시작하였다.

잠시후 그분은 나의 마비된 반신에 머리카락처럼 가는 침을 꽂기 시작하였다. 그리고 얼마나 지나서였을까 마비되었던 반신에 스물 스물 피가 통함을 감지할 수 있었다.

그리고 나는 그 절망의 심연에서 일어섰다.

그것은 꿈이 아닌 현실이었다.

나는 지금도 어쩌다 그때의 감격을 생각하면 가슴이 뛴다.

그분은 저의 집안 할머니댁에서 며칠간 묵으시며 할머니를 치료하시고 그날 제주도로 가는 배를 타려고 할머니댁을 나서다가 소문을 듣고 찾아간 아내와 만났다 하였다.

그분은 약 15일간 저의 집에 머무르시며 나의 건강이 회복된 것을 확인하시고 가고자 하신 제주도로 떠나셨다.

그리고 떠나시면서 적어주신대로 전주시로 보낸 편지는 며칠 후 주소불명으로 다시 돌아왔다.

나는 그분과의 관계에 대해 쓰고싶은 말이 많으나 행여 세상의 오해가 나를 힘들게 할지도 몰라 침묵하려 한다.

그 일이 있고 몇 개월후 객지에 있을 때 내게 발부된 징집영장이 내게 전달되지 못하여 본의아니게 늦은 나이에 입대하였다. 그러나 신체검사 결과 나는 폐결핵 중등증 환자였다. 왼쪽 폐는 이미 많이 훼손되어 있었다.

국가의 도움없이는 치료의 길이 없는 당시의 나에게 국가의 혜택은 너무나 귀한 것이었다.

국가에서 주는 약으로 몇 년의 노력 끝에 치료함도 받았다.

이듬해 서울로 옮겼다. 삶은 힘들었다. 수많은 날을 절망속에서 몸부림치며 술을 마셨다. 꿈을 잃어버린 삶, 이성은 반쪽이 되고 육체의 여기 저기에서 육체의 무너져가는 소리가 들리는데 나의 삶은 속수무책이었다.

어느날 부터인가 드디어 술이 나를 마시기 시작하였다.

어느날 길을 가다 말고 하늘을 우러러 통곡하며 하나님앞에 푸념을 늘어놓는 나의 슬픈 모습이 떠오를 때이면 지금도 운다.

"하나님, 저를 아십니까? 저의 이름은 알고 계십니까? 저의 삶이 이 대로 끝나 버린다면 너무 억울합니다. 하나님, 저를 도와주십시오! 그리고 나도 무엇인가 이 땅에 보람있는 일을 남기고 떠날 수 있게 도와 주십시오!"

하늘의 어디엔가는 계시겠지 하는 생각에 하늘을 보며 통곡하였다.

그런 나의 모습이 딱하셨는지 하나님은 나를 중동의 사막으로 인도 하여 유대민족이 출애굽후 40년간 그 힘겨웠던 역사의 현장으로 인도 하여 그 역사의 현장에서 새롭게 나를 만들어가기 시작하였다. 그리고 그 역사의 현장에서 땀과 함께 읽었던 최자실 목사님의 "나는 할렐루야 아줌마였다" 간증집이 나로 하여금 주님을 따라 나서는데 도움이 되어 주었다.

방황이 멈추던 날

주일 아침 여의도순복음교회는 인산인해였다.

다음 예배시간을 기다리며 성전 밖에 서 있는 군중속에 나도 묻혀서 있었다.

그리고 한참 후 예배가 끝난 것일까? 성전 여기 저기에서 수많은 인 파가 쏟아져 나왔다.

모두가 기쁘고 활기찬 모습이었다.

무엇이 저들로 하여금 저토록 생동감 넘치게 하는 것일까?

나는 왠지 나 자신이 너무나 초라하다는 생각에 슬퍼졌다.

그런 중에도 행여 낯익은 얼굴이 있나 하여 군중속 여기 저기에 부지런히 시선을 던져 보았다.

그러나 낯익은 얼굴은 없었다.

나는 다시 어디엔가 홀로 버려진듯한 고독을 느끼며 그 장 속 같은 군중의 한복판에서 망연히 하늘을 보았다.

마치 도심의 한복판에서 가야할 길을 몰라 망연해 하는 어느 촌부의 모습처럼 그때의 내 모습도 그랬었다.

수많은 인파가 썰물처럼 빠져 나가자 다음시간 예배를 기다리며 서 있던 군중이 앞에서부터 움직이기 시작했다,

나도 함게 걸었다. 그리고 한참 후 강단이 멀리 보이는 1층 예배실 먼 발치에 겨우 자리를 잡았다.

옆사람은 나몰라라 부르짖는 통성기도, 처음 들어보는 방언기도, 거대한 규모의 찬양대, 성전은 온통 거룩한 소요와 열기의 도가니였다.

그리고 그날의 설교는 지금껏 내가 들어왔던 설교와는 다른 설교였다.

방랑의 벽두 내 나이 10대에 한 때 나를 품어준 어느 가정의 인도로 짧은 기간이었지만 교회에 출석한 인연으로 살아오면서 지친 심신에

대한 위로와 기댐의 생각으로 어느 때는 교회에 나가 목사님의 설교를 들었지만 나는 그때까지도 구원의 확신이 없어 목말라 했고 방황하였는데 그러나 하나님의 아들 예수께서 나의 죄를 대신하여 죽으셨다는 목사님의 그날의 설교는 한점 의심없이 믿어졌다.

그리고 나는 언제부터인가 울고 있었다.

그 수많은 날, 영혼의 갈증과 공허함을 채우지 못해 방황하던 내 40년의 방황이 끝나는 날의 나의 모습이었다.

예배가 끝나고 다들 자리를 뜨는데 나는 왠지 그대로 일어설 수가 없었다. 나는 그 자리에서 다음 시간 이어지는 똑같은 예배를 또 드렸다.

아, 자학의 채찍도 공허도 물러가던 날의 환희여, 그 풍랑 더 어디 갔을까?

예배를 마치고 성전을 나서는 나의 마음은 잔잔한 호수 같은데 어지럽게 방황하던 지난 날의 나의 모습들이 필름처럼 스치며 지나갔다.

누구나 한번쯤은 삶의 여정에서 가던 길을 멈추고 하늘을 본다.

삶이 힘들고 괴로워서 절망의 벽 앞에서 더는 걸을 수 없을 때이다.

하나님은 그렇게 우리로 하여금 때로는 당신의 사랑의 들 뿌리에 채어 상처받고 넘어지게 하신다. 그리고 우리의 연약함을 깨닫게 하신 후 당신의 손을 내미신다.

그것은 살아갈 조그마한 힘과 수단이 있는 한 자신의 때문은 의지를 버리기 싫어하는 우리의 오만과 무지를 아시는 하나님의 우리에 대한 오묘한 사랑이시다.

아픔으로 아니 하고는 깨달을 수 없는 하나님의 사랑, 그렇게 하나님은 우리에게 다가 온 그 좌절의 아픔까지도 우리의 유익이 되게 하시는 사랑의 분이시기에.

그래서일까, 시편기자는 하나님의 이 깊은 사랑에 대해 이렇게 고백한다.

"고난 당한 것이 내게 유익이라 이로 말미암아 내가 주의 율례들을 배우게 되었나이다"(시 119:71)

그러나 고난도 사랑임을 깨닫기까지 시편기자는 얼마나 울었을까?

아픔으로 주신 사랑

나로 혼자 울게 하심도
주님의 사랑이셨음을

그 아픔의 자리에 새 살이 돋을 때에야
조금씩 알았습니다.

그 허허로운 광야에서 목마름도
주님의 사랑이셨음을

생명이 강같이 넘치는
길을 가면서야 겨우 압니다.

눈물과 주림
춥지 않고는 알 수 없는 주님의 사랑
그 상흔 안에서 연한 순 아니고는
주님의 만짐을 몰라

아픔으로 주시는
주님의 사랑

금식기도

환경의 절곡에서 자유하는데 신앙 안에서의 금식이 얼마나 중요한가
에 대하여 성경은 다음과 같이 말씀하신다.

"내가 기뻐하는 금식은 흉악의 결박을 풀어 주며 멍에의 줄을 끌러 주며 압제 당하는 자를 자유하게 하며 모든 멍에를 꺾는 것이 아니겠느냐"(사 58:6)

또한 나의 경험으로도 금식 기도만큼 자신을 무욕의 경지에 이르게 하는 수양의 방법도 없다 믿어진다.

그리고 그 때 주는 교훈은 평범하게 누리는 삶일지라도 건강과 주림이 없는 삶이 얼마나 큰 축복인가도 뼛속까지 깨닫게 한다.

또한 금식 기도는 자신의 허약한 의지를 새로운 모습으로 변화시키는 위대한 충전의 기회도 된다. 믿어진다.

그러기에 우리는 평소의 의지나 결단으로는 할 수 없고 자를 수 없는 삶의 잘못된 관습에서 멀어지고 탈출하려 할 때 그 방법을 금식기도 가운데서 찾기도 한다.

그 대상의 하나인 술과 담배, 결코 무익하고 해로운 것임을 알면서도 체내에 깊숙이 베어 버린 습관 때문에 그 강한 유혹을 떨구어 버리지 못하는 우리의 어리석음 중의 하나가 과중한 음주와 흡연이다. 우리는 이것들을 우리 생활의 지극히 평범한 한 부분으로 받아들이고 있기 때문에 우리와의 단절을 더 어렵게 한다.

여의도순복음교회에 출석한지 몇 개월 후 였다. 때로는 이성을 잃도록 폭음하는 나의 음주와 흡연은 신앙과의 관계 이전에 나에게 얼마나 유해한 것인가에 대한 깨달음이 왔다.

그러나 이것들과의 단절이 일상의 평범한 의지나 인내만으로는 힘들다는 사실을 깨닫고 어느날 며칠간의 금식기도를 결심하였다.

내가 이 세상에 태어나 신앙의 의지로 시도한 최초의 금식기도였다.

기도원행 버스를 타기 전 나의 주머니에는 그 때까지도 담배 한 갑이 남아있었는데 하루 두 갑씩 피우던 담배를 이제는 완전히 끊어야 한다고 생각하니 서운함이 이루 말할 수 없었다.

나는 마지막 담배를 입에 물고 라이터로 불을 붙였다. 그리고 남은 담배와 라이터를 쓰레기통에 버렸다.

그렇게 시작된 나의 금식기도는 담배를 피우고 싶은 유혹의 고통에 비하면 며칠쯤 밥을 굶은 공복의 고통은 그대로 쉬웠다.

그리고 담배의 유혹에서 완전히 벗어나기까지 흡연의 유혹은 수년 동안 나를 괴롭 혔으나 나는 끝내 그 싸움에서 승리하였다.

주위분들이 도대체 믿지 않았다.

담배의 거절은 그래도 쉬웠다. 그러나 술은 달랐다.

나의 주량은 많은 분들에게 알려져 있었으므로 어느 자리에서고 술잔을 끝까지 거절하는 데는 상당한 인내와 지혜가 요구 되었다. 그래서 금주는 나와의 싸움도 컸지만 타의에 의해 오는 도전도 거셌다. 그러나 그 전쟁도 3년쯤 지나고 나니 이제는 웃으면서 술잔을 거절하여도 힘들지 않게 나를 피해갔다.

바람으로 오신 성령님

황량하고 메말랐던 나의 영혼에 신앙의 체액이 조금씩 젖어오면서부터 풍요의 샘을 만난 목마른 사슴처럼 영의 양식을 위해 쉼을 몰랐던 순복음의 한 해. 내 영혼이 생명의 젖줄에 입을 맞춘 지 어언 1년, 그 분주했던 한 해의 조그마한 성장 후에는 또다른 갈급함들이 줄을 서기 시작하였는데 그 첫째가 성령세례와 방언기도였다.

나는 기도할 줄을 몰랐다. 영혼의 깊은 곳에서는 함성과 몸부림이 있었어도 나는 내 영혼의 그 외침들을 기도로 승화할 힘이 없었다.

그 갈급하였던 나날들, 어느 날은 밤을 새워 몸부림 쳤어도 영혼의 갈증은 그대로여서 폭포수 같은 방언으로 기도하는 분들을 보면 그렇게 부러웠다.

그러나 나는 어떻게 해야 성령세례를 받고 방언으로 기도하는지를 알지 못했다.

누구에게 붙들고 묻고 싶은데 용기가 나지 않았다. 가슴을 태우며 기회를 엿보고 있던 터에 어느 금요 철야 예배 시간이었다.

설교하시는 목사님께서 그 비밀을 말씀하셨다.

성령세례를 받으려면 성령을 뜨겁게 사모하는 마음으로 때로는 금식하며 회개기도를 많이 하라 하셨다.

그러나 그 해가 다가도록 나의 회개기도는 주님의 마음을 움직이지 못하였다.

그렇게 순복음의 한 해가 다 가고 새로 맞은 1985년 신정 연휴, 나는 수많은 소망들을 우선 뒤로 하고 오직 성령세례만을 위하여 금식하며 기도하리라 결심하고 기도원을 찾았다.

"베드로가 이르되 너희가 회개하여 각각 예수 그리스도의 이름으로 세례를 받고 죄 사함을 받으라 그리하면 성령을 선물로 받으리니"(행 2:38)

"너희가 악할지라도 좋은 것을 자식에게 줄 줄 알거든 하물며 너희 아버지께서 구하는 자에게 성령을 주시지 않겠느냐 하시니라"(눅 11:13)

그러나 왜일까 기도하려고 무릎을 꿇으면 방금 지은 죄까지도 기억이 나지 않아 괴로웠다.

성령세례를 받으려면 금식과 함께 철저한 회개기도가 있어야 한다는 목사님의 말씀은 머리에 꽉 차 지워질 줄을 모르는데 괴롭고 답답하였다.

생각다 못한 나는 생각나는 죄들을 하나 하나 메모지에 쓰기 시작하였다.

그러나 써도 써도 끝이 없는 죄, 살아온 삶이 온통 죄 뿐이었음을 깨달았다. 그래서 나는 살아오면서 지은 죄를 적어가던 메모지를 꾸겨 휴지통에 버리고 마치 죽음의 전쟁터에 나가는 전사처럼 비장한 각오와 함께 기도굴로 들어가 안으로 문을 잠그고 주님 앞에 떼를 쓰기 시작했다.

"주님, 저같이 어리석고 미련한 놈이 어찌 그 많은 죄들을 다 기억할 수 있으며, 그 많은 죄를 어떻게 다 회개할 수 있겠습니까? 그러나 나의 죄를 다 아시고 보시는 주님, 나의 죄를 이 시간 하나로 묶어 다 용서하여 주시고 많은 성도님들처럼 나도 방언으로 기도하고 찬양하게도 하옵소서. 그리하시면 살아가면서 기억하는 죄들을 하나 하나 회개하겠습니다."

성경은 우리에게 하늘로도 땅으로도 도무지 맹세하지 말라 하였거늘 성령세례의 목마름 때문에 지키지도 못할 이 회개의 맹세 때문에 신학교를 졸업하고 아픔의 길을 가는 동안에도 주님으로부터 많은 책망을 들어야만 했다.

다음 날이었다.

그 억지 같은 투정도 기도라고 주님께서 들어주신 것일까? 여러 가지 환상들을 보여주셨는데 낮 시간 성전에 앉아서 조용히 마음으로 기도하고 있을 때 였다.

신문 한 페이지의 넓이에 새까만 개미떼가 마치 자로 줄을 그은 것처럼 열을 지어 부지런히 가고 있는데 개미들은 여전히 자기자리에서 단 1mm도 벗어나지 못하고 있었다.

그런데 그 개미떼들이 어떻게 추하게 보이는지 그것들 보고 있노라니 온 창자가 넘어올 듯이 역겨워 지면서 어쩌면 그 개미들이 나의 죄인지도 모른다는 생각이 들었다.

잠시 후 그 개미떼의 환상이 지워지고 그 자리에 독사 한 마리가 몸을 사친 채 머리를 쳐들고 나를 빤히 쳐다보는데 그 눈빛이 흡사 사람의 눈빛 같아 소름 끼쳤다.

그런 일들 때문이었을까 그 날은 종일 마음이 무거웠다.

다음 날 새벽이었다. 잠에서 깨어보니 정각 다섯 시 였다.

앉은 자리에서 잠시 기도하는데 큰 비단 구렁이가 얼룩무늬 등빛을 번뜩이며 내 눈앞을 날 듯 지나가는데 등 부분은 유난히 선명하게 보였다.

순간 마귀는 떠날 때 자기 정체를 드러낸다는 어느 목사님의 설교가 생각나면서 '방금 내 앞을 지나 간 구렁이는 지금까지 나를 괴롭힌 마귀였다 보다' 라는 생각이 들었다.

나는 그대로 앉은 자리에서 잠시 기도하려다 말고 그 일로 마음이 안정이 안되어 성경과 찬송가를 들고 기도굴로 갔다.

약 30분쯤 기도하였을 때였다. 새벽 예배에 참석하고픈 마음의 재촉이 있었다.

그 날도 새벽 예배는 몹시 뜨거웠다.

설교를 마치신 목사님께서 아직까지 성령세례 못받으신 분들을 위하여 함께 기도하자고 하셨다.

함성같은 기도가 현란한 천국의 하모니를 이루며 성전을 진동할 때였다.

갑자기 형언할 수 없는 두려움이 나를 사로잡았는데 그러나 그 두려움은 어떤 위기 앞에서 느끼는 감정이 아닌 그 어떤 거대하고 신비로운 일이 곧 일어날 것만 같은 예감을 동반한 신비한 분위기가 주는 감정이었다.

그 시간은 그리 길지 않았다. 그리고 혀가 갑자기 말리더니 그리고 전혀 내 의지와는 관계없이 어떤 강하게 역사하는 힘에 의해 "할렐루야"를 반복하여 외치고 있을 때였다.

동서전면에서 거대한 바람이 몰려와 하나로 뭉쳐지며 질주하듯이 내 입으로 들어오기 시작하였다. 분명히 바람이었다. 그런데 그 바람의 모습이 너무나 선명하게 보이는 것이 아닌가?

"우리가 유대인이나 헬라인이나 종이나 자유인이나 다 한 성령으로 세례를 받아 한 몸이 되었고 또 다 한 성령을 마시게 하셨느니라"(고전 12:13)

내 영혼의 깊은데서부터 형언할 수 없는 신비한 기쁨이 넘치기 시작했다. 그런데 그 환희는 지금껏 체험해 보지 못한 기이한 것이었다.

내 몸과 성전 전체가 온통 신비한 환희의 불꽃속에 타오르고 있음이 분명하였다.

그리고 나는 잠시 그 황홀경에서 의식을 잃었다.

그리고 얼마나 지나서였을까 의식을 찾고 보니 나는 폭포수 같은 눈물속에서 찬송가 405장을 그토록 소망하던 구슬같은 방언으로 찬양하고 있지 않은가!

나 같은 죄인 살리신 주 은혜 놀라와
잃었던 생명 찾았고 광명을 얻었네

큰 죄악에서 건지신 주 은혜 고마워
나 처음 믿은 그 시간 귀하고 귀하다
이제껏 내가 산 것도 주님의 은혜요
또 나를 장차 본향에 인도해 주시리

거기서 우리 영원히 주님의 은혜로
해처럼 밝게 살면서 주 찬양하리라

나는 주체할 수 없는 기쁨 때문에 성전을 뛰어나가 동산으로 갔다.

기도원 동산에는 여기저기 한가로이 산책하는 분들과 조용히 의자에 앉아서 기도하는 분들도 있었는데 나는 그분들이 그렇게 사랑스러워 보였다.

그리고 내 영혼의 깊은 데서부터 그분들을 위한 뜨거운 기도가 분출했다.

그리고 나는 그 환희속에서 하나님께 감사하며 하나님을 찬양하는 자연의 신비를 보고 들었다.

돌들이 나무들이 하나같이 하나님께 감사하며 찬양하고 있었다.

보이는 모든 것들이 온통 사랑스러웠고 우주가 온통 사랑의 결정체였다.

지금도 어쩌다 그날의 환희를 생각 할 때면 가슴이 뛴다.

"하늘은 기뻐하고 땅은 즐거워하며 바다와 거기에 충만한 것이 외치고 밭과 그 가운데에 있는 모든 것은 즐거워할지로다 그 때 숲의 모든 나무들이 여호와 앞에서 즐거이 노래하리니"(시 96:11-12)

영원의 생명 마시던 날
나 그 기쁨 못이겨 울었네

주님께서
내게 오시던 날

삼라만상도 환희에 못이겨
춤추던 날
내 영육이 함께 춤추웠네

오, 주여!
그날의 환희여!

거룩한 도전

성령세례를 받고부터 나의 신앙생활에 많은 변화가 왔다.

살아온 날들의 허물들을 다 지우고픈 소원 때문이었을까? 눈물은 흘러도 흘러도 끝이 없었다.

그리고 그 눈물속에 보이는 것은 살아온 날들의 죄와 허물들뿐이어서 구원의 감격은 뜨거운 불이 되어 더욱 식을 줄 몰랐다.

"그런즉 누구든지 그리스도 안에 있으면 새로운 피조물이라 이전 것

은 지나갔으니 보라 새 것이 되었도다"(고후 5:17)

분명 나는 나인데 왜일까 내가 아니었다. 의식이 바뀌고 삶의 목표가 바뀌어 있었다. 그리고 지금까지 생각해 보지도 상상도 못했던 천국의 소망들이 찬란한 별이 되어 나의 안에서 빛을 발하기 시작했다.

그러기에 불확실한 미래에 대한 그 많던 염려와 근심들은 지워지고 심령의 깊은 곳에서부터 기쁨과 소망이 마르지 않는 샘이 되어 솟아올랐다.

"주께서 내 마음에 두신 기쁨은 그들의 곡식과 새 포도주가 풍성할 때보다 더하니이다"(시 4:7)

"평안을 너희에게 끼치노니 곧 나의 평안을 너희에게 주노라 내가 너희에게 주는 것은 세상이 주는 것 같지 아니하니라 너희는 마음에 근심하지도 말고 두려워하지도 말라"(요 14:27)

꿈이 아니었으면 했다. 그러나 분명 꿈이 아니었다. 그리고 생활속에서 간단없이 여러 가지 영적인 체험들이 계속되었다.

나는 이제 그 감격의 시간들을 돌아보며 그 때의 감격과 환희 앞에 다시 다가서보려 한다.

지극히 추상적인 관념과 사념의 영역에서만 만날 수 있었던 분, 그러나 그분이 성령으로 내 안에 오시므로 나는 날마다 방언으로 기도하고 찬송하면서 하나님을 스스럼없이 "아버지"라 부르는 삶속에서 그동안 나 자신을 그토록 비하하던 어리석음에서 벗어나 나를 새롭게 다듬어 가고픈 소망으로 불타기 시작하였다.

내 존재의 값이 다름 아닌 하나님의 아들 예수의 생명의 피 값이라니…

내 이성으로는 받아들일 수 없는 이 기막힌 사랑과 은혜 앞에 나는 울고 또 울었다.

그리고 어느새 눈물은 내 신앙의 동반자가 되어 있었다.

"우리가 아직 죄인 되었을 때에 그리스도께서 우리를 위하여 죽으심으로 하나님께서 우리에 대한 자기의 사랑을 확증하셨느니라"(롬 5:8)

"너희 몸은 너희가 하나님께로부터 받은 바 너희 가운데 계신 성령의 전인 줄을 알지 못하느냐 너희는 너희 자신의 것이 아니라 값으로 산 것이 되었으니 그런즉 너희 몸으로 하나님께 영광을 돌리라"(고전 6:19-20)

그렇게 날마다 새롭게 체험하는 환희속에서 나는 지금까지 살아온 내 추한 삶을 뛰어 넘어 보다 의미 있고 거룩한 삶에 도전하고픈 푸른 꿈에 취하기 시작했다.

우리의 죄 때문에

하나님의 아들이

십자가에 달려 죽으셨다

이천년전의

이 신화같은 사실이

오늘도 가슴을 뜨겁게 한다

아들아 그일을 믿는 믿음때문에

그날 너도 나와함께

그 형틀에 달려 죽었느니라

그리고나는

오늘도

너와함께 호흡하느니라

긍정의 사고와 창조적 언어

나의 믿음이 조금씩 성장하면서 깨달음 중의 하나가 긍정적인 사고와 창조적 언어가 지닌 힘에 대해서 였다.

"네가 만일 네 입으로 예수를 주로 시인하며 또 하나님께서 그를 죽은 자 가운데서 살리신 것을 네 마음으로 믿으면 구원을 얻으리니 사람이 마음으로 믿어 의에 이르고 입으로 시인하여 구원에 이르느니라"(롬 10:9-10)

긍정의 사고와 언어의 힘에 무슨 다른 설명이 필요 하겠는가, 이는 다름 아닌 우리의 구원과도 깊은 관계가 있음을 성경은 우리에게 가르치고 있다.

나는 목사님께서 설교마다 거의 빼놓지 않으시고 긍정의 사고와 언어에 대해 말씀하실때 처음에는 지극히 추상적인 의미로 받아들여지던 것이 시간이 가고 반복되는 들음을 통하여 어느 때부터 인가 살아 숨쉬는 생명력있는 강한 힘으로 나의 깊은 곳까지 노크하기 시작하였다.

나는 그때로부터 그동안 내 삶을 무력하게 했던 부정적인 의식들을 지우고 긍정의 의식들로 채우느라 분주하였고 세상의 탁하고 오염된 부정의 언어들로 길들여졌던 나의 입과 혀에 생산적이고 창조적인 긍정의 언어들을 올려놓느라 애쓰고 힘썼다.

그런 나의 노력 위에 부어 주시는 주님의 사랑은 넘쳐서 어린아이가 소중히 여기며 가지고 놀던 장난감에서 어느 날부터인가 서서히 관심이 멀어짐은 성장에서 오는 결과 이듯이 나 또한 믿음이 조금씩 자라면서 나로 하여금 고토록 탐욕하게 하던 세상의 때묻은 유혹과 호기심에서 한발씩 물러서는 지혜도 함께 배우게 하시면서 내 삶의 구석, 구석에서도 미미하게나마 윤기와 향기같은 것을 느낄 수 있게 하셨고 나의 삶속에서도 적게나마 이웃의 아픔에 대해 관심과 사랑이 자리하기 시작하였다.

성경은 하나님께서 인간을 하나님의 형상을 따라 하나님의 모양대로 지으셨다고 말씀하고 있다.

그러나 하나님의 형상과 모양이란 그 무한한 의미를 인간의 유한한 지혜로야 어찌 다 이해할 수 있을까마는 그러나 인간이 하나님의 형상을 따라 하나님의 모양대로 지음 받았음이 표증의 하나가 하나님의 피조물 중 가장 경이로운 존재인 인간만이 가지고 있는 사고의 힘과 언어가 아닐 수 없으리라

"엘리사가 가로되 여호와의 말씀을 들을 지어다. 여호와께서 가라사대 내일 이맘 때에 사마리아 성문에서 고운 가루 한 스아에 한 세겔을 하고 보리 두 스아에 한 세겔을 하리라 하셨느니라. 그 때에 한 장관 곧 왕이 그 손에 의지하는 자가 하나님의 사람에게 대답하여 가로되 여호

와께서 하늘에 창을 내신들 어찌 이런 일이 있으리요. 엘리사가 가로되 네 눈으로 보리라. 그러나 그것을 먹지는 못하리라. 백성들이 나가서 아람사람의 진을 노략 한지라. 이에 고운 가루 한 스아에 한 세겔이 되고 보리 두 스아에 한 세겔이 되니 여호와의 말씀같이 되었고, 왕이 그 손에 의지하였던 그 장관을 세워 성문을 지키게 하였더니 백성이 성문에서 저를 밟으매 하나님의 사람의 말대로 죽었으니…"(왕하 7:10-17)

"여호와께서 아모리 사람을 이스라엘 자손에게 붙이시던 날에 여호수아가 여호와께 고하되 이스라엘 목전에서 가로되 태양아 너는 기브온 위에 머무르라 달아 너도 아얄론 골짜기에 그리 할지어다 하매 태양이 머물고 달이 그치기를 백성이 그 대적에게 원수를 갚도록 하였느니라"(수 10:12-13)

장기간 적군의 포위로 성안에 먹을 것이 없어 그 주림을 이기지 못하고 급기야는 자식의 살을 먹는 그 비극의 현장에 갑자기 풍요가 넘쳤어도 그것을 보고도 먹지못하고 사람들의 발에 밟혀 죽음도 부정의 말 때문이었으며, 한 사람의 기도가 지구의 회전을 멈추게 하여 적과의 전쟁에서 승리하기까지 였음도 위대한 기도의 힘이었다니 놀라지 않을 수 없다.

직분과 체험

그렇게 주님의 은혜 가운데서 나를 조금씩 다듬어 가는 중에 생각 한 것이 있었다.

주님께 감사와 찬양으로 영광 돌리며 소망과 꿈을 놓고 기도할 때 내 지혜로 가능한 최상의 형용사를 동원하여 주님께 영광 돌리며 기도하는 것이었다.

그 중에 한 예가 나는 그 때부터 이런 신앙 고백을 하며 살아온다.

"세상에 나만큼 주님의 축복을 많이 받은 사람이 없다." 라고.

그러나 나의 이런 신앙 고백은 조금도 과장 없는 내영혼의 진솔한 고백이 아닐 수 없다.

하나님을 믿는 하나님의 백성이 누군들 구원의 감격이 없을까 마는 나는 어쨌든 이런 표현이 아니고는 달리 나의 구원에 대한 감격을 표현할 길이 없어서이다.

이렇게 성령 세례 후 믿음 안에서 누리는 기쁨들은 세상의 일로는 누릴 수 없는 것들로 그 기쁨들 속에는 형언할 수 없는 평안이 함께 하였다.

그리고 빼놓을 수 없는 것이 뜨거운 눈물이었다.

예배를 마칠 때쯤이면 으레 손수건은 촉촉이 젖어 있었고 남들의 찬송하는 모습이나 전도하는 모습만 보아도 주제못할 눈물을 흘리곤 하였다.

그러던 어느날 나의 신앙생활에 또 하나의 계기가 다가왔다.

1985년 4월 21일, 구역장 직분을 받았다.

그러나 그 일은 나의 뜻과는 전혀 관계없이 어느날 갑자기 이루어진 일이기에 나는 지극히 당황했다.

지금 생각해도 "여의도순복음교회에 출석한지 1년 후 구역장의 직분을 받기까지 나의 신앙생활은 어찌 보면 숨가쁜 달음질이었다.

그러던 중에 잠시 숨 고를 틈도 없이 갑작스러이 주어진 구역장의 직분은 나를 기쁘게 하면서도 또 한편으로는 나를 당황하게 하였다.

그러나 묵묵히 순종하는 중에, 기도원에 찾아가 며칠 금식하며 기도했다.

"주님, 저에게도 이 귀한 직분을 주셨으니 이 직분 감당할 만한 믿음과 능력도 주시옵소서." 금식 기도를 마치고 하산 하던 날, 약국을 경영하시는 지금은 장로님이신 지역장님 약국으로 찾아뵈었더니 새 신자 결신서 한 장을 주셨다.

나는 미루지 않고 귀가 길에 그 분을 찾아뵈었다.

30대후반으로 보이는 그분의 가정은 아내와 두 딸이 있었고, 그분의 성함은 "홍재욱"씨였다.

병색이 완연한 그 분의 얼굴은 마치 흙빛을 띠고 있었다.

그렇게 "홍재욱"씨는 우리 구역 식구가 되어 몇 주 동안 함께 구역 예배도 드렸다. 그런데 어느날 성도님 한분으로부터 "홍재욱"씨가 병원에 입원하였다는 연락을 받았다.

물어서 찾아간 곳은 퇴계로에 있는 중앙대학 부속병원이었는데 병실은 침대마다 환자들로 차 있었다.

이제 한창 활동할 나이에 그렇게 지쳐 누워있는 모습을 보노라니 가까운 내 혈육의 아픔처럼 내 가슴에 와 닿으며 뜨거운 눈물이 멈출줄 몰랐다.

내가 이 세상에서 태어나 믿음을 가진 후 이웃의 아픔 때문에 흘린 최초의 눈물의 기도였다.

기도를 마치고 눈을 떠보니 병실의 모든 분들이 나를 보고 있지 않은가!

부끄러운 생각도 들었지만 개의치 않고 애써 태연한척 하며 병실을 나왔다.

다음 날도 환자의 여동생이 환자의 곁을 지키고 있었다.

기도를 마치고 병실을 나서는 데 복도까지 따라 나서던 환자의 여동생이 복도의 한편으로 나를 불러 세웠다.

그리고 전해주는 내용은 나를 감동케 했다.

오빠의 위암 수술을 하려고 다시 촬영을 해본 결과 병은 흔적도 없이 깨끗이 나았다는 것이었다.

그동안 수많은 분들의 치유의 간증을 들으며 감동한 내가 왜 있었을까?

그 날은 그 기적의 현장에 있었으면서도 왠지 그 일이 선뜻 믿어지지 않았다. 그 후 "홍재욱"씨는 직장도 새로 구하고 활기차게 살아가는 모습을 한동안 지켜 보았다.

치유와 환상

그렇게 성령세례와 함께 누리는 기쁨속에서도 구역장의 직분을 받고서부터 나를 힘들게 하는 짐이 있었다.

그것은 매주 한번씩 드리는 구역 예배였는데 내 신앙의 미숙함 때문에 구역 예배가 은혜롭지 못하여 구역 성도님들이 행여 시험에 들지나 않을까 하는 걱정 때문이기도 하였다.

그러기에 구역 예배를 인도할 때마다 신학적인 지식도 절감하기 시작하면서부터 신학교에 대한 소망을 갖기 시작하였다.

그리고 구역 예배를 인도하면서부터 내게는 시급히 해결해야 할 또 하나의 문제가 있음을 알았다.

그것은 다름 아닌 축농증이었다.

20대에 몇 년간 결핵을 앓아 치료는 되었지만 왼쪽 폐가 석회화되어 호흡의 장애를 받는 나에게 이중으로 호흡의 장애를 주는 축농증은 무거운 짐이 아닐 수 없었으나 그러나 나 자신이 겪는 고통보다는 남에게 주는 혐오감이 오히려 나를 더 힘들게 하였다.

어느날 수술을 결심하고 약국을 경영하시는 지역장님을 찾아뵙고 상담하였더니 이제는 구역장의 직분도 받고 하였으니 그런 병쯤은 기도와 믿음으로 치료 받으라고 하였다.

웃음과 함께 가볍게 하는 말씀이었어도 웬지 마음에 와 닿았다.

나는 마음먹었던 수술을 포기하고 그 날부터 축농증을 치료해 달라고 주님께 기도하기 시작하였다.

그러던 어느날 이었다.

구역장 직분을 받고 3-4개월쯤 지나서였던 것 같다.

지역장님 약국에서 교구 전도사님과 대화할 기회가 있었다.

그때 전도사님께서 나의 하루 동안의 기도시간을 물으셨다.

성령세례 받고부터는 앉으나 서나 길을 가면서도 뜨겁게 방언으로 기도하면서도 정해진 시간에 드리는 기도가 없을 때여서 어떻게 대답하나 망설이다 30분쯤 된다고 말씀 드렸더니 전도사님은 정색을 하시면서 다음과 같이 말씀하셨다.

"구역장님, 그 시간의 기도로는 밥밖에 못 먹습니다. 우리가 삶속에서 하나님의 베푸시는 기적을 체험하며 살아가려면 적어도 하루에 1시간 이상 기도해야 합니다."

책망이 담긴 전도사님의 충고가 그 날의 내게는 주님의 책망과 명령처럼 들렸다. 그렇게 하여 나의 새벽 기도는 다음날부터 시작 되었다.

그러나 시간의 제약 없이 산만하게만 드리던 기도에서 정해진 시간에 집중적으로 드리는 기도의 훈련이 되지 않았던 나에게 새벽 한 시간의 기도가 처음 며칠은 힘이 들었다.

그리하여 기도를 마치고 시계를 보면 한 시간이 못 되었을 때에는 그 부족한 시간을 채우느라 다시 기도하곤 했다.

그런 시작이었지만 어느새 나의 기도는 성장을 하였고 어느 날은 몇 시간의 기도에도 지칠 줄 몰랐다.

그러나 그 해가 다가도록 축농증은 치료 받지 못하였다.

회의와 갈등이 나를 힘들게 하였지만 그러나 그대로 포기하고 싶지가 않았다.

1년동안 주님 앞에 더 기도를 하기로 결심하였다.

그리하여 새로 맞은 신정 연휴 동안, "실업인 선교연합회"의 매년 행사인 2박3일간의 금식 신년부흥회에 참석하기 위하여 기도원을 찾았다.

부흥회가 끝나는 날의 아침 예배 시간이었다.

목사님의 설교가 끝나고 통성 기도 시간이었다.

나는 두 손을 들고 기도하기 시작하였다.

그리고 몇 분쯤 기도했다고 생각 되었을 때였다.

축농증으로 수년 간 막혔던 코가 뚫리면서 시원한 바람이 코를 통해 가슴에 전달되기 시작 하였는데 그 바람은 예사로운 바람이 아니었다.

코 안에서 작은 선풍기가 회전하고 있었다.

신비한 체험이었다.

한 쪽 폐마저 석회화 되어 축농증으로 이중의 호흡의 장애를 받다가 갑자기 신선한 공기가 코를 통하여 폐의 한복판에 전달되는 때의 그 환희란 마치 사방으로 밀폐되어 답답하던 곳이 한순간에 사방의 벽이 무너지는 듯한 신선한 충격이었다.

그 환희와 감격에 취해 있는 나에게 주님께서 이제는 환상으로 지난 1년동안에 자란 내 믿음의 분량을 치수로 보여 주시는데 2-3cm쯤 되어 보였다.

기쁨은 범람하는 파도가 되어 나를 덮쳤고 마음은 진정이 되질 않았다.

특히 그 날은 금식 기도를 마치고 하산하는 날이어서 빨리 집에 돌아가 아내와 자녀들에게 자랑하고픈 생각이 내 마음을 더욱 재촉하였다.

집에 도착한 나는 뛰다시피 집안을 들어서며 아내를 찾았다.

그러나 나를 본 아내가 나보다 먼저 말하지 않는가!

"여보, 어젯밤 꿈에 당신 축농증을 주님께서 치료하시는 환상을 보았어요." 라고.

나의 자랑은 뒷전이 되고 말았어도 그러나 기쁨은 배가 되어 내 가슴에 다가 왔다.

"친히 나무에 달려 그 몸으로 우리의 죄를 담당하셨으니 이는 우리를 죄에 대하여 죽고 의에 대하여 살게 하심이라. 저가 채찍에 맞음으로 너희는 나음을 얻었나니"(벧전 2:14)

그렇게 주님께서 나의 축농증을 치료하여 주신 후부터 나에게는 또 한 가지 기이한 일이 일어나고 있었다.

손을 들고 기도하면 꼭 탁구 공 만큼의 부피의 둥그런 모양의 바람이 손바닥에서 빠른 속도로 회전하는데 그 때의 촉감은 신비 하리 만큼 부드럽고 포근하였다.

새벽을 깨우는 주님의 사랑

구역장의 직분을 받고부터 교회 봉사를 시작하였는데 택한 부서가 보호실이었다.

아침 예배를 드리고 봉사가 시작 되었으므로 새벽 일찍 일어나 새벽 첫 버스를 타지 않으면 안되었다.

그런데 보호실에서 봉사하면서 몇 분의 집사님들로부터 들은 간증 중에는 새벽의 기상 시간에 늦지 않도록 주님께서 여러 가지 방법으로 잠을 깨워 주신다는 것이었다.

그 간증을 들으면서 무척 부러운 생각이 들었는데 어느 주일 새벽이었다.

나는 곤한 잠에 취해 있었는데 현관을 강하게 노크하는 소리에 잠을 깼다.

"이 새벽에 누구일까?" 나는 불을 켜고 시계를 보았다. 정각 4시였다.

내가 기상하기로 마음먹은 시간에서 1분도 지체함이 없는 정확한 시간이었다. 나는 주섬주섬 옷을 입고 현관 앞에 섰다.

"누구십니까?" 한참을 기다려도 문 밖은 조용한 체 인기척이 없었다.

그리고 잠시 후 나의 새벽잠을 깨우신 주님의 노크였음을 성령께서 깨닫게 하셨습니다.

왠지 가슴이 뛰었다. 그리고 그 순간 주님께서 너무도 가까이 나와 함께 계심이 느껴졌다.

그리고 그날의 체험은 주님은 나의 일상의 지극히 섬세한 부분까지도 사랑과 관심을 가지고 지켜보시며 도우신다는 사실을 깨닫게 하였다.

나는 그때부터 내 하루의 삶속에서 새벽의 첫 시간을 잃지 않으려고 노력하였다.

그러나 어쩌다 잠에 취해 새벽을 잃어버린 날은 마치 하루의 실종 같은 허전함을 지울 수가 없었다.

그리고 고맙고 잊을 수 없는 것은 그 때부터 나의 매일의 새벽은 어떠한 방법과 모형으로로든 주님과의 깊은 관계 속에서 하루의 시작이 되곤 하였다.

때로는 새벽의 곤한 잠에서 힘들어 할때 주님께서 흔들어 깨울 때가 있었고 어느 날은 음성으로 나를 깨우신다.

"얘야, 일어나자." 주님은 그렇게 새벽을 맞을 때 까지도 나의 곁을 지키고 계시던 것을…

그리고 그런 새벽은 날마다 은혜가 더욱 넘쳤다.

이런 사랑을 누리며 살아온 이십 수년 오늘 새벽도 눈을 뜨며 내 안에서 계신 주님을 뵈올 때 주님은 말씀하신다.

"사랑하는 자여 내 영혼이 잘 됨 같이 네가 범사에 잘되고 강건하기를 내가 간구하노라"(요삼 1:2)

이렇게 언제부터 인가 요한삼서 1:2 말씀은 내 하루의 첫 시간에 주님께서 내게 주시는 사랑과 축복의 말씀이 되었다.

새벽의 기원

마음의 창에 빛 비춰올 때

나 하품 없이

눈 뜨게 하소서

주님의 손길

나 깨우실 때

나로

잠 이길 힘 주소서

마음 다 하고
정성 다 하여
나 기도하게 하시고

새벽의 창
다 밝기 전
응답 하소서

처음 들은 주님의 음성

성령세례 후 내 영혼의 깊은 곳에서는 거대한 변화가 있었지만 밖으로 보이는 환경은 꽉 닫힌 채 미동도 하지 않았다.

그러나 지금 생각해 보면 그 때의 나의 생활은 주님께서 또다른 특별한 사랑을 베푸시던 때였음을 깨닫는다.

세상의 모습 따라 육신의 정욕, 안목의 정욕, 이생의 자랑 쫓아 허겁지겁 살아오다가 어느 날 갑자기 주님의 사랑의 손에 붙들리면서부터 세상의 부에 대한 생각도 바뀌어 별로 가진 것 없어도 마음은 더없이 부요하였고 내일의 염려에서 또한 자유하기 시작하였다.

그리고 주님은 그 몇 년 동안 나를 여러 가지 모양으로 도우시는 가운데 나로 하여금 그 수년간 육신의 빵을 위한 땀을 흘리지 않았어도 나의 생활을 책임져 주셨는데 그 방법으로는 팔려고 지은 집이 팔리지 않아 집을 전세 놓고 그 전세금으로 약 3년간을 불편 없이 생활하며 신앙생활에 전념케 하셨다.

그리하여 그 몇년 동안 거의 하는 일 없이 성경말씀과 기도에 파묻혀 거칠어지고 모난 나 자신을 조금씩 다듬어 가고 있었다.

살아오는 동안 어느 때는 가끔 교회는 출석하였어도 단 한 페이지의 성경도 읽지 못하고 듣기만 했던 나에게 성경 말씀은 꿀 송이처럼 달았다.

그래서 주야로 성경을 읽고 기도하면서 교회에서 베푸는 여러 교육의 과정을 마치느라 노력하였고 주일마다 귀가 시간이면 서점에 들려 꼭 한 두 권의 신앙서적을 사와 그 주 동안에 읽곤 하였다.

그러던 어느 주일 새벽이어다. 가을의 새벽 공기는 차가왔다.

그 날도 교회 봉사 때문에 새벽 첫 버스를 기다리면서 꽉 닫힌 채 미동도 하지 않는 환경을 열어 달라고 하늘의 별을 보며 주님께 기도하고 있었다.

"주님, 저의 길을 열어 주시어서 나로 하여금 새롭고 활기찬 생활을 하게 하여 주옵소서. 저도 신학을 공부하고 싶으니 배움의 길도 열어 주옵소서."

참으로 마음속에서 간절한 기도를 드리고 있을 때였다.

"사랑하는 이용호야, 내가 너를 도와주리라."

뚜렷이 내 이름을 성까지 부르며 어디선가 들려오는 세미한 음성이었다. 누구일까?

나는 본능적으로 주위를 둘러보았다. 그러나 버스를 타기 위해서 기다리는 사람은 나 뿐이었다.

그런데, 그 때였다.

방금 들려온 그 말이 내 마음 한복판에서 한 줄로 활자가 되어 한 자한 자 각인되기 시작하였다. 마치 타가기로 타자를 치듯이….

나는 그제야 방금 들은 음성은 주님의 음성임을 깨달았다. 하늘과 땅과 만유를 창조하신 하나님이 나를 도우신다니 꿈이 아님이 기뻤다.

남들의 간증으로만 듣고 부러워했던 주님의 음성을 나도 세상에 태어난 후 처음 들은 것이다.

말로 다 할 수 없는 평안이 심령의 깊은 곳에서부터 강같이 넘치기 시작하였다. 그리고 잠시 후, 가을의 새벽 공기를 가르며 새벽의 첫 버스가 내 앞에서 멈추었다. 나는 버스에 올라 자리를 잡고 조용히 눈을 감았다.

그 때 까지도 주님의 음성은 지워지지 않는 메아리가 되어 따뜻한 체온을 동반한 체 잔잔한 파장으로 다가오고 있었다.

"사랑하는 이용호야, 내가 너를 도와주리라."

그리고 온 가슴이 말로 다 할 수 없는 그 어떤 뿌듯함으로 채워지고 있었다. 그것은 다름 아닌 세상의 그 무엇으로도 채울 수 없는 영원한 부였다.

"내가 진실로 진실로 너희에게 이르노니 양의 우리에 문으로 들어가지 아니하고 다른 데로 들어가는 자는 절도며 강도요 문으로 들어가는 이가 양의 목자라 문지기는 그를 위하여 문을 열고 양은 그의 음성을 듣나니 그가 자기 양의 이름을 각각 불러 인도하여 내느니라."(요 10:1-3)

군대 귀신과 방언의 능력

그렇게 여러 가지 모양으로 주시는 체험들을 통하여 믿음이 조금씩 자라고 있을 때였다.

간단없이 계속된 체험의 여운이 채 가시지도 않는 어느 새벽이었다. 비몽사몽간이었다.

그때 갑자기 귀신들이 내 방에 들어 닥쳤다.

그런데 귀신들의 모습은 표본실의 인체처럼 사람의 모양과 흡사하게 뼈만 있었는데 사람의 모양과 같았다.

제일 먼저 내 방에 들어 온 두목인 듯한 귀신이 나의 목을 조이기 시작하였고 주위의 몇 귀신은 나의 몸을 짓누르기 시작하였다.

그리고 방에 들어오지 못한 귀신들은 문 밖에서 웅성거리고 있었다.

거의 질식할 것만 같은 상황에서 나는 필사적으로 저항하며 그러나 그 와중에도 큰소리로 물었다.

"너희가 몇 놈이냐?"

그러자 목을 조이는 귀신의 두목이 말했다.

"우리는 군대 귀신인데 일개 중대 150명이다." 라고 대답했다.

내가 필사적으로 저항하자 목을 조이던 귀신이 힘이 달리는지 이제는 몸을 짓누르던 귀신들의 일부까지 합세하여 나의 목을 짓누르기 시작했다.

그때였다. 거의 질식할 것만 같은 위기의 순간에 내 의지와는 전혀 관계없이 갑자기 내 뱃속의 깊은 데서부터 천둥 같은 우렁찬 방언기도가 터져 나왔다.

분명 그 방언 기도는 내 의지에 의해 내 힘으로 하는 기도가 아님을 알 수 있었다.

성경은 이런 영적인 비밀에 대해 다음과 같이 말씀하고 있다.

"이와 같이 성령도 우리의 연약함을 도우시나니 우리가 마땅히 빌 바를 알지 못하나 성령이 말할 수 없는 탄식으로 우리를 위하여 친히 간구 하시느니라"(롬 8:26)

나의 우렁찬 방언기도에 귀신들은 힘을 잃기 시작하더니 급기야는 서로 앞을 다투어 도망하기 시작하였다.

신비한 것은 나는 그 때까지도 일어나지 못하고 누운 채로 있었는데 집 밖 수백 미터까지 도망치는 귀신들의 모습이 곁에서 보는 것처럼 보였다.

그리고 200-300m쯤 도망치던 지점에서 귀신들은 연기자 되어 허공으로 흩어져 버렸다.

그 순간 나의 몸은 허공을 나는 것처럼 가벼워졌다.

그리고 형언할 수 없는 기쁨이 심령의 깊은 곳에서부터 분수처럼 넘치기 시작했다.

아, 무섭고 경이로운 체험이었다.

"근신하라 깨어라 너희 대적 마귀가 우는 사자같이 두루 다니며 삼킬 자를 찾나니 너희는 믿음을 굳게 하여 저를 대적하라"(벧전 5:8)

그리고 그 새벽의 체험은 나에게 많은 것들을 깨닫게 했다.

첫째 방언기도의 신비한 능력이었다.

그리고 귀신의 세계에도 체계적인 조직이 있음을 알았고 수면 중 돌연사의 이유 중 하나로 깨달았다.

그리고 빼놓을 수 없는 것이 고난을 통과한 후에 부어주시는 기쁨이 주는 신비한 힘에 대해서 였다.

그렇다, 기쁨이 없는 삶, 그것은 생각만 해도 삭막하다.

살아가는 힘은 어쩌면 하나님은 우리에게 주시는 기쁨을 통하여 공급되어지기 때문인지도 모른다.

그러므로 기쁨은 삶이 존재하는 곳에는 꼭 필요한 삶의 요소이다.

기쁨이 없이는 우리는 무엇이고 해야 할 힘을 잃는다.

나 자신은 물론 타인을 사랑할 힘도… 왜 일까?

이는 다름 아닌 기쁨은 창조주께서 우리의 영혼의 샘에 부어 주시는 삶의 에너지이기 때문이리라.

하늘에서 들려온 내 영혼의 찬양

그 몇 년간의 기도의 응답이었을까? 미동도 하지 않는 환경에 조금씩 변화가 있기 시작하였다. 몇 년간 팔리지 않은 집이 팔려 채무도 정리하고 새롭게 출발하였다.

그러던 어느날, 오산리 기도원에서 하루밤을 기도하였다.

그리고 다음날 아침, 조금씩 내리는 비 때문에 동산에는 별로 사람들이 보이지 않았고, 나는 우산이 없어서 나무 밑에서 비를 피해 가며 기도하고 있었다.

뜨거운 방언기도가 멈출줄 몰랐다. 시간이 얼마나 지나서 였을까 나의 시야에 구름떼같은 백의의 군중이 환상으로 보이기 시작하였다. 그리고 방언기도가 부분적으로 통역되었다.

그리고 나는 나의 방언이 환상의 군중을 향한 나의 간증임을 알았다.

군중은 때때로 손을 흔들며 환호하였다.

참으로 감동의 시간이었다.

하산후 어느날, 전에 같은 교회에 출석하던 권사님에게 그때의 환상을 간증하였더니 별로 관심이 없는 표정으로 말이 없으셨다.

나같은 사람이 그같은 체험을 하였다니 믿어지지 않아서인 듯 싶어 그날 이후 나는 지금껏 그날의 황홀한 체험을 묻어둔 채 살아왔다. 그런데 그 일이 있고부터 신학을 공부하고 싶은 소망이 더하기 시작하였어도 환경의 문은 쉬이 열리지 않았다.

그러나 독서는 멈추지 않았다. 그리고 독서의 양을 늘리기 위한 수단으로 속독을 배우기 시작하였다.

상당한 시간의 노력에도 큰 진전은 없었으나 그러나 그 때의 노력 때문에 지금의 나의 독서 생활에 많은 도움이 되고 있다.

그러던 어느 날 이었다.

금요 철야예배 간증시간에 어느 자매님의 간증이었는데 비몽사몽간에 예수님을 뵈었다는 간증을 하였다. 나도 어느날, 주님의 음성을 듣고부터 꿈에서라도 주님을 뵈었으면 좋겠다고 생각하던 터였는데, 그 간증을 듣고부터는 그 소망이 더욱 뜨겁게 달아올랐다.

그래서 그 때부터 이런 기도를 드리기 시작하였다.

"주님, 다른 분들은 주님을 뵈었다고 하는데 저는 왜 뵙지 못할까요? 저도 다른 분들처럼 주님을 뵙고 싶습니다."

그러나 어쩌면 나의 기도가 잘못된 기도인지도 모른다는 두려운 생각에 그 기도 멈추기도 한 어느 날 새벽이었다.

나는 어느 들녘 풀밭에서 양팔을 베게 하고 누워서 하늘을 보고 있었다.

그런데, 온 하늘을 뒤덮은 먹장구름이 질주하듯 서쪽을 향해 가고 있었다.

참으로 두렵고 흉흉했다.

나는 아직도 그렇게 빠르게 질주하는 구름을 본 일이 없다.

두려움과 공포에 떨고 있을 때였다.

저 하늘 구름 너머 어디에선가 내 영혼을 황홀케 하는 신비한 음색의 노래가 들려왔다.

심장이 멎을 것만 같았다.

'아, 저 노래가 영원히 멈추지 않았으면 좋겠다.' 라고 마음속으로 기도하고 있을 때였다.

하늘에서 거대한 우레와 같은 음성이 들려왔다.

"네 영혼이 천국에서 나를 위해 부르는 찬송이니라"

하나님의 그 음성은 온 세상에 충만하였고 마치 하늘과 땅이 하나 된 느낌이었다.

"긍휼에 풍성하신 하나님이 우리를 사랑하신 그 큰 사랑으로 인하여 허물로 죽은 우리를 그리스도와 함께 살리셨고 너희가 은혜로 구원을 얻은 것이라 또 함께 일으키사 그리스도 예수 안에서 함께 하늘에 앉히시니 이는 그리스도 예수 안에서 우리에게 자비하심으로 그 은혜의 지극히 풍성함을 오는 여러 세대에 나타내려 하심이니라"(엡 2:4-7)

"이는 너희가 죽었고 너희 생명이 그리스도와 함께 하나님 안에 감취었음이니라"(골 3:3)

그 새벽의 그 황홀하고 신비한 체험은 비록 우리의 육신은 이 땅에 있어도 우리의 영혼은 그리스도와 함께 천국에 있음도 알았다.

그 일이 있고부터 나는 나도 주님을 뵙게 해 달라는 그 겁없고 철부지같은 기도를 멈추었다.

천국에서 부르는 내 영혼의 찬양만 들어도 심장이 멎을 듯 황홀하였는데 나 같은 것이 주님을 뵙는 일은 차마 감당할 수 없을 것 같아서였다.

그러나 그로부터 수년이 지난 어느 날 더 정확히 말하면 1992년 12월 어느 날, 나는 주님을 뵈었다.

1992년 12월 3일, 순복음 신학원을 졸업하고 고난의 터널을 지나고 있을 때였다.

주님의 양 발에는 쇠사슬이 묶여 있었고 힘에 겨운 십자가를 메고 가시는 주님의 몸에 로마의 병정들은 가혹한 매질을 하는데 가시관을 쓰신 머리에서 흐르는 피 때문에 주님은 눈을 뜨지 못하시고 괴로워하며 가고 계셨다.

그 힘겨웠던 그 날의 주님의 뵈옴을 다음 장에서 쓰려 한다.

고난의 어느날
고통의 사슬이
나를 묶었다
주님 왜 이옵니까
대답대신
십자가를 매고 가시는
주님을 보여주셨다
힘들어 외면하는 나에게
종아
그래도 보아야 하느니라

주님의 피
나의
죄 때문이었습니다.

제2장

어느 날의 결단

언제부터인가 유한한 이 땅의 삶을 위해 쏟아야할 땅을 영원한 미래를 위해 쏟아야 하겠다는 결심이 서기 시작했다.

그러면서 세상의 것들에 대한 욕심이 하나 둘 지워져갔다.

그러나 나는 내게 일어나는 그런 변화가 내 의지의 결과인양 알고 있었다.

그러나 얼마 후 신학교 졸업과 함께 처절한 아픔의 터널을 지나면서야 그런 대 삶의 변화가 내 의지에서 비롯된 것이 아닌 주님의 나에 대한 사랑 때문이었음을 깨달았다.

어쨌든 나는 그 때로부터 지금까지 육신에 대한 소욕을 버리는 훈련을 게을리하지 않았지만 그러나 세상의 것들에 길들여진 나의 육체는 내 옛 사람의 옷자락을 붙들고 놓지 않으려 애씀을 본다.

신학원 등록

비하와 자학에서 깨어나 그리스도 예수 안에서 날마다 새로운 품으로 나 자신을 추스르기 시작하면서부터 나는 현실을 뛰어넘은 미래에 대한 꿈을 먹으며 살았다.

그러기에 신학에 대한 꿈도 식을줄을 몰랐다.

그러나, 내가 경제적인 재정 때문에 선뜻 결단을 내리지 못하고 주저하고 있을 때 주님께서 결단의 힘도 주시며 50의 늦은 나이에 신학의 문을 두드렸다.

나는 그때부터 주위의 불편한 시선이나 나이가 주는 도전 같은 것은 아예 지워 버렸다. 그리고 오직 주님만 바라 보았다.

살아오는 동안, 수많은 꿈들이 피워 보지도 못한 체 포말처럼 시간의 저편으로 지워져 갔지만 나는 내가 신학을 배우고 주님의 일꾼이 되어야 하겠다는 생각은 꿈에서도 해본 일이 없는터에 새로운 도전 앞에서 감개무량하지 않을 수 없었다.

"너희안에 행하시는 이는 하나님이시니 자기의 기쁘신 뜻을 위하여 너희로 소원을 두고 행하게 하시느니라"(빌 2:13)

등록후 1년동안은 주님께서 확실히 나를 불러 주셨을까? 하는 소명에 대한 확인을 하노라 애썼다.

나를 주님의 일군으로 부르심에 대한 확인이 없이는 미래를 결정하는데 힘들 것 같아서 였다.

그러나 주님은 나의 1년동안의 기도 끝에 의외의 확실한 응답을 주셨다.

나의 미래는 영원까지 주님께서 책임져 주실 것이라는 불같은 확신이 나를 사로잡았다.

2학년이 되면서 기도와 배움에만 전념하고 싶어 그동안의 생업의 터전인 미곡상회와 부동산 소개업을 정리하였다.

마치 세상을 등진 것인양 살아가는 나의 모습에 주위에서 주는 불편한 시선들을 의식하면서도 나는 끝내 나의 믿음을 지키는데 성공하였다.

며칠 후 부동산 소개업 허가증을 가지고 구청에 찾아가 담당직원을 만났다. 그리고 부동한 허가증을 반납하러 왔다 하였더니 의아해 하는 표정으로 한동안 나를 보는 그분이 이렇게 말하였다.

"남들은 없어서 야단인데 이 허가증을 스스로 반납하신 분은 선생님이 처음인 것 같습니다" 라고 말했다.

그러나 나는 지금도 우매해 보이든 그날의 나의 용단이 내 의지의 결단인양 착각해 본 일은 없다.

그 모든 일들이 주님의 사랑이요 선물임을 믿기 때문이다.

산상 철야기도

때때로 주님의 음성을 듣기까지 기도의 탑을 쌓아 오는 동안 신학원 재학 중 매주 하루 밤씩 드리는 산상 철야 기도는 나의 신앙생활의 중요한 몫을 하였다.

등록 후 1년동안은 생업의 문제로 시간이 여의치 못하여 미루었으나 2학년이 되면서부터는 일기에 관계없이 한 주도 빠지지 않고 일주일에 목요일 하루밤은 산을 찾아 밤을 새워 기도했다.

비바람이 부는 날이나 추운 겨울밤, 밤을 새워 드리는 기도의 어려움도 날이 가고 달이 가면서부터는 오히려 기쁨이 되어 나의 영혼을 풍요롭게 하였다.

그래서 지쳐 있어도 할 새벽이면 오히려 기쁨의 새 힘이 솟았고 하산을 앞둔 새벽의 기도는 마치 활화산처럼 분출하는 절규가 되어 오열과 함께 고요한 새벽의 산골짜기에 메아리 치곤 하였다.

산상기도를 시작한지 한 해가 되어 가는 2학년 겨울 방학이 다가왔다.

방학의 시작과 함께 삼각산 정상을 오르며 일주일 동안의 철야 기도가 있었다.

밤길이라 정상에 오르기까지는 많은 시간이 소요되었다.

비가 오거나 눈이 오는 날에는 더 했다.

첫 날, 정상에 오르고 나니 온 몸이 땀에 젖어 땀에 젖은 옷을 입고 밤을 새워 기도하는데 힘이 들어 이틀째 되는 날 부터는 배낭에 내복 한 벌을 더 준비했다.

그런데 어려움은 또 있었다.

이틀째 되는 날에는 겨울비 답지 않게 출발 전부터 비가 세차게 내렸다.

첫 날의 노독도 풀리지 않은 상태여서 육신의 생각으로는 비를 핑계 삼아 그 날은 포기 하고픈 생각도 있었다.

그러나 그 우중에도 우리의 기도는 쉬지 않았다.

그리고 그렇게 우중을 해치고 강행한 그 밤의 기도는 또 다른 의미와 함께 기쁨은 배가 되어 나를 기쁘게 했다.

바위로 우뚝 솟은 100평도 채 안되어 보이는 정상, 어렵게 그 곳에 올라 우리는 뜨겁게 예배를 드린 후 각자의 자리에 돌아가 새벽을 맞도록 기도하면서 나 같은 것을 버리지 않으시고 구원하여 주신 것만도 고마운데 늦은 나이에 신학을 공부할 수 있도록 축복하여 주신 주님의 사랑에 겨워 울었고 적의 총구가 지척에서 우리를 겨누고 있는 데도 이 땅을 지켜주신 주님의 사랑에 감격하여 울었다.

그리고 이제 세상 것 뒤로 하고 주님의 일을 할 때 나로 피곤치 않게 하여 주시고 세상이 모를 기쁨도 함께 누릴 수 있게 해 달라고 기도했다.

힘은 들었어도 일주일의 기도를 마치고 하산 하던 날 새벽의 감격을 지금도 잊을 수가 없다.

이 밤도 밤을 새워 기도하는 분들의 눈물이 있겠지.

이 땅은 누구로 인해 지켜지는 것일까?

그리고 조국의 허리는 잘렸어도 이 땅의 백성들이 누리는 오늘의 풍요가 꼭 우리의 땀 때문일까?

하루의 쉼도 없이 조국의 산허리 부둥켜 안고 밤을 새워 기도하는 하나님의 백성들이었음을 나는 산상 기도를 하면서야 보고 알았다.

주님

나의 땀이

이웃의 힘 될수 있다면

아끼지않게 하소서

나의 한마디가

이웃에게 힘이 될수있다면

침묵하지 않게 하소서

내가 베푼

작은 사랑이

이웃의 주림에 도움이 된다면

그사랑의 기회

놓치지 않게 하소서

나로

사랑의 도구 되게하시고

그안에서

기쁨누리게 하소서

제사와 마귀

"내가 네 행위를 아노니 네가 차지도 아니하고 덥지도 아니하도다
네가 차든지 덥든지 하기를 원하노라 이같이 미지근하여 덥지도 아니
하고 차지도 아니하니 내 입에서 너를 토하여 내치리라"(계 3:15-16)

세상의 풍속을 좇아 살다가 믿음 안에서 살리고 노력할 때 우리는 때
때로 결단을 요구받을 때가 있다.

그 중 하나가 조상에 대한 제사이다.

조상을 섬긴다는 뜻이기는 하여도 하나님의 뜻에 반한 제사는 우리
의 신앙생활에 큰 걸림돌이요 불신앙의 형제들과의 논쟁의 대상이 되

기도 한다.

그러나 성경은 불신자들의 영적인 무지에 대해 여러 가지로 밝히고 있다.

"어떤 길은 사람이 보기에 바르나 필경은 사망의 길이니라"(잠 14:22)

"대저 이방인의 제사하는 것은 귀신에게 하는 것이요 하나님께 제사하는 것이 아니니 나는 너희가 귀신과 교제하는 자 되기를 원치 아니하노라 너희가 주의 잔과 귀신의 잔을 겸하여 마시지 못하고 주의 상과 귀신의 상에 겸하여 참예하지 못하리라"(고전 10:20)

어느날 주님은 나에게 제사 음식의 추함을 환상을 통하여 보여 주셨는데 상에 놓인 음식물이 마치 부패한 오물처럼 추하여 쳐다보기도 힘들었다.

그리고 그 이유는 제사 음식은 귀신이 먹고 버린 오물이기 때문이라 말씀하셨다.

그 일이 있은 후 며칠이 지난 어느 새벽이었다.

40대 여인의 모습을 하고 나의 생모를 가장한 귀신이 내게 왔다.

그리고 조상의 제사를 금한 나를 책망하는 것이었다.

나는 그것이 귀신임을 이내 알 수 있었다.

그래서 방언 기도로 귀신을 대적 하였더니 귀신은 힘을 잃고 도망치면서 문지방을 넘기 전 나를 힐끔 돌아보는데 얼굴의 반은 해골이었다.

그리고 얼마 후 장인의 첫 제사를 일주일 앞둔 날의 새벽이었다.

나는 잠시 동안 이었지만 힘든 환상을 보았다.

처가댁은 전북 익산시인데 친정아버지 제사에 참석하느라 가던 아내가 탄 고속버스가 대전시를 조금 못 간 지점의 고속도로에서 교통사고가 나서 차체는 구겨진 채 도로변 논바닥에 뒹굴어 있고 사상자는 여기저기 흩어져 있었다.

나는 울면서 그 속을 헤매다 흩어진 시체 속에서 죽어 있는 아내를 보고 슬피 우는 환상이었다.

나는 밝히기가 너무 힘든 환상이어서 환상에 대해서는 말하지 않고 아내에게 뜻을 물었더니 제사에 참석하지 않더라도 형제들을 만나기 위해 다녀오겠다는 것이었다.

결국 가는 길은 막았으나 두 사람 사이에 불편한 일이 있었다.

그런데 1년후 똑같은 날이었다. 똑같은 환상을 또 보았다. 자칫 아내를 잃을지도 모른다는 두려운 생각이 들었다.

나는 그 날 아침 이른 시간에 아내뿐이 아닌 자녀들까지 함께 불러 모았다.

그리고 2년 동안 같은 날, 같은 시간대에 주님께서 내게 보여주신 환상에 대해 말하였다.

아내의 얼굴에 긴장의 빛이 역력하였다.

지금도 때로는 우상의 문제 때문에 크고 작은 핍박이 다가올 때가 있다. 그러나 그 가증스러운 우상의 질곡에서 자유할 수 있는 축복을 주신 주님의 사랑에 나는 오늘도 감사하며 산다.

20일 금식 기도

입학이 엊그제인 듯 한데 어느새 졸업반이 되었다.

어느 분은 해외 선교사로, 어느 분은 개척지로, 어느 분은 교회의 부름을 받아 모두들 각자 제 일을 놓고 기도할 때 나 또한 개척을 앞에 놓고 기도하고 있었다. 늦은 나이에 출발한 나 같은 사람을 어디서고 불러줄 것 같지 않아 나는 처음부터 개척을 결심하고 있었지만 그러나 내게는 준비된 물질이 없었다.

그래서 생각해 낸 것이 집을 팔아 반은 개척 자금으로 그리고 반은 가족들 기거할 전세 집을 구하기로 마음먹었다.

그러나 그 일도 생각 뿐 아내와 자녀들에게는 차마 말을 못하고 기회만 엿보던 중 4학년 하기 방학이 닥쳤다.

보다 깊은 기도를 하고 싶던 차에 동문 몇 분과 함께 최자실 기념 금식 기도원에서 20일 금식 기도를 하였다.

옆방에 금식하시는 목사님들 중에는 40일 금식하시는 목사님도 몇 분 계셨다. 그런데 한 주 쯤 지나서였다. 바로 옆방에서 40일 금식하시던 목사님께서 금식을 마치고 하산하시던 날이었다.

목사님을 모시러 오신 가족과 성도 몇 분이 하산을 앞두고 예배를 드리기 위해 준비하는 중에 목사님께서 내 방으로 오시더니 설교를 부탁하였다.

예배를 준비하는 찬송소리는 들리는데 설교를 준비할 시간의 여유가 없음도 난감하였지만 나는 한낱 신학생의 신분이 아니던가?

나는 순간, 나의 금식을 방해하는 악령의 사주가 개입되지 않았나 하고 긴장하고 있었다.

그래서 단호히 말씀을 드렸다. "목사님, 어찌 될 법이나 한 일입니까? 저는 신학생의 신분입니다. 옆방에는 목사님도 계시고 다른 전도사님들도 계시는데 어떻게 제가 이 귀한 예배에 설교를 할 수 있겠습니까?"

내 신앙의 상식으로는 도저히 받아들일 수 없는 일이었기에 나는 감히 그 자리에 설 수 없다는 생각이었다. 그런데 목사님의 다음 한마디가 나로 하여금 더 이상의 다른 말을 하지 못하게 막아버렸다.

"전도사님, 우리는 다 같은 주님의 종입니다."

어떤 거역할 수 없는 강한 힘이 나를 압도하였다.

함께 금식하는 목사님과 전도사님들도 계셨는데 왜 그 일이 나에게 맡겨졌는지 지금도 풀리지 않는 의문으로 남아 있지만 그 때의 나의 마음은 왠지 순종해야 된다는 생각이었다.

목사님을 맞느라 밖으로 나왔던 나는 다시 방으로 들어와 조용히 무릎을 꿇었다.

"종아, 마태복음 4장을 보아라." 세미한 음성이 마음안에서 들려왔다.

마태복음 4장을 폈다. 그리고 4절에서 나의 눈이 멎었다.

"예수께서 대답하여 가라사대 사람이 떡으로만 살 것이 아니요 하나님의 입으로 나오는 모든 말씀으로 살것이니라"

주님께서 40일 금식중에서 시험하는 마귀에게 하신 말씀이었다.

이 말씀을 읽는 순간, 그 날의 일들이 주님의 뜻 가운데서 일어나고 있는 일들임이 깨달아졌다.

단 몇 분도 설교준비에 대한 시간이 없었기에 막연한 중에 성령님께 의지하며 말씀을 마쳤지만, 그러나 흡족하지 못한 설교 때문에 마음으로 괴로워하는 나에게 목사님은 고맙다는 인사를 몇 번씩이나 하셨다.

금식 3주째 접어드는 날이었다.

기도굴에서 기도하는데 나의 뱃속에 검은 돼지 한 마리가 보였다.

아직도 다 가시지 않은 탐욕일지 모른다는 생각에 괴로웠다.

그리고 잠시 후 마음이 뜨거워지면서 세미한 주님의 음성이 들렸다.

"모든 것을 성령께 맡겨라."

주님의 말씀대로 성령님께 맡겼으면 좋았을 것을 내 의지를 앞세워 집을 담보하고 융자를 받아 교회를 개척하려고 방황 중에 내가 받은 수모와 상처는 그만두고라도 많은 분들에게 상처를 준 일을 생각하면 지금도 가슴이 아프다.

우리는 자칫 하나님의 일을 세상일 하듯 한다. 낭패를 당한다. 그것은 교회의 머리가 주님이라는 사실을 망각하고 지체인 자신을 의지할 때 오는 우리의 교만에 대한 주님의 사랑의 징계 이시다.

모든 것을 성령께 맡기라는 주님의 말씀을 외면한 체 나의 생각만을 앞세운 교만 때문에 교회 개척을 위한 땀과 눈물은 많았어도 나는 끝내 그 일을 이루지 못하고 졸업과 함께 세상 사람들의 보는 앞에서 때로는 사슬에 묶이는 아픔을 감내하며 힘든 길을 가야 했다.

성화의 신비

강의가 있는 날은 의례히 아침 예배를 드렸다.

그리고 일주일에 하루는 졸업반 학생중 남학생은 설교를 하고 여학생은 사회를 맡았다.

어느날 나에게도 차례가 왔으나 그날은 학원 학술제가 계속되는 날이어서 나의 차례는 그냥 지나치고 말았다.

졸업 전 나도 한번쯤은 그런 자리에 서 보고픈 생각이었는데 아쉽다는 느낌도 들었다.

그러던 어느날 이었다. 졸업시험도 거의 끝나가는 어느날 학생회장으로부터 다음날 예배의 설교를 부탁하였다.

그날도 시험을 끝내고 모두들 삼삼오오 모여 차도 마시며 한가로운 시간들을 갖는데 내게는 그럴 여유가 없었다.

다음날 예배시간까지는 채 하루도 남지 않았는데 나는 그에 대한 준비가 전혀 되어 있지 않아서였다.

귀가길 차안에서 여러 가지 생각을 해보았으나 설교의 제목은 물론 설교의 중심이 잡히지 않아 고민 하였다.

그러나 신학생의 신분인 나에게 설교란 어울리지 않아 보였다.

그러자 결론은 쉽게 나왔다.

지금까지 살아오며 받아 누린 주님의 사랑에 대해 간증을 하면 될 것 같았다. 그렇게 마음을 정하고 보니 의외로 마음이 가벼웠다. 그리고 돌아보니 50의 늦은 나이에 신학의 길로 인도하시고 4년간 단 하루의 결석도 없이 부지런히 배움에 전념할 수 있도록 축복하신 주님의 사랑이 고마웠다.

그러나 주어진 시간 안에 마치기 위한 정리된 원고를 준비하는 일 또한 그리 쉽지 않았다. 결국 다음날 새벽에서야 원고를 마치고 뭔가 아쉬운 감정을 지우지 못한 체 예배시간 강단에 섰다.

예배를 마치고 강의실에 들어와 강의실 출입구 위 벽에 걸려있는 주님의 성화에 나의 시선이 멎었다.

가시관을 쓰신 상반신의 주님의 성화가 그 날은 성화가 아니었다.

살아있는 주님의 실상이었다.

나를 보시는 주님의 시선은 살아계신 주님의 눈빛이었다.

전율에 가까운 감격과 함께 나의 몸은 한동안 굳어 있었다.

숨이 막힐 것만 같았다. 그러나 나는 그날의 그 감격을 침묵과 함께 마음 속에만 묻어 두었다.

왠지 그날의 그 감격을 누구에게고 말할 힘이 없어서 였다.

그러나 그날의 그 신비한 체험이 신학원 졸업과 함께 시작된 수십년의 긴 여정의 시작일 줄이야….

그때로부터 나의 지혜로는 표현할 수 없는 기쁨과 환희를 누릴 때가 있었는가 하면 때로는 죽음과 같은 절망에 갇히기도 하였다.

그리고 그 아프고 힘든 시간속에서 십자가에서 우리를 위하여 죽으신 주님의 사랑을 깨닫기 시작하였다.

자연의 음성

나는 물고기는 말을 못하는 줄 알았다.

그런데 어느날 TV에서 특수 녹음기로 서식하는 물속의 고기들의 소리를 녹음하여 방영하는 것을 보고 놀랐다.

그렇다면 물속의 고기들도 접촉의 감각이나 시각적인 몸짓 이외에도 자기들만의 대화 수단이 있다는 것이 아니겠는가?

그렇다면 자연의 모든 구성 요소가 그들대로의 한 생명체로 존재하고 있는 것을 볼 때 우주는 하나의 무한한 생명체임이 분명하다.

버려진 땅에도 생명이 있기에 그 안에서 식물이 자라고 생물이 번식하며 존재함을 보듯이….

20일 금식이 끝나고부터 내게는 이해할 수 없는 신비한 일들이 있었는데 그 중의 한 가지가 자연의 음성을 들으며 자연과 대화하는 일이었다.

책이나 신문 방송을 통하여 식물도 자연 그대로 방치하는 것보다는 좋은 환경에서 잘 가꾸고 돌보며 아름다운 음악을 들려주면 훨씬 성장의 속도가 빠르고 결실도 풍성하다는 것은 알고 있었지만 그러나 식물이 말을 하고 돌들이 말을 하리라고는 생각도 해본 적이 없었다.

물론 성경은 때로는 당나귀도 말을 하였음을 밝히고 있고 나 또한 성령세계를 받은 날 돌이나 나무들도 감격하여 하나님을 찬양함을 보았고 들었으나 그러나 그때의 일은 일회적인 사건이었기에 그 이상의 깊은 생각은 해본 일이 없었다.

당시 나는 산을 뒤로 하고 지은 연립 주택에서 살았는데 다른 집들에 비해 퍽 공간이 넓고 주위에 나무들도 많아 삭막하지 않아서 좋았다.

금식 후 어느 날이었다. 집 옆 공간에 심겨져 여러 해 자란 사철나무 앞에 서있는데 나무가 말하였다. "전도사님, 안녕하세요." 라고.

나는 잠시 의아한 눈빛으로 나무를 쳐다보다 나도 무엇인가 말을 해야겠기에 "그래 나무야, 너도 잘 있었니?" 하며 한 발짝 다가가 나무에 손을 대려하자 나무가 말했다.

"전도사님, 저를 함부로 꺾지 마세요. 아프답니다."

어느새 나무도 풀도 나의 이웃이 되었고 나의 친구가 된 것이다.

또 다음 날은 뒷산을 혼자서 산책을 하는데 아담한 바위가 내게 인사를 했다.

"전도사님 안녕하세요. 저는 전도사님을 사랑 한답니다."

"바위야 나도 너를 사랑한단다."

우리는 또 어느새 오래 사권 친구처럼 다정한 사이가 되어 있었다.

그로부터 나는 꽃이나 나무를 함부로 꺾는 일은 물론 풀 한 포기도 마음대로 밟지 못하는 생활을 하였다.

'행여 내가 정신적으로 잘못되어 가고 있는 것이 아닌가?' 의문과 함께 고민하고 있을 때 어느날 성령께서 말씀하셨다.

'자연은 인간을 위해 존재하기 때문에 우리의 삶에 유용하게 사용받을 때는 자연도 기뻐하나 인간의 탐욕의 결과로 무분별하게 짓밟히거나 해함을 받을 때는 슬퍼한다는 것이었다.' 그러므로 나무 가지를 쳐 나무가 잘 자라게 가꾸어 주고 화단의 잡초를 뽑고 꽃나무를 가꾸느라 병든 잎을 제하고 하는 것은 나무나 꽃들도 기뻐한다는 것이었다.

자연과 인간의 관계가 어뗘해야 하는가를 깨닫게 해주는 말씀이셨다.

천국의 나팔소리

창조주께서 하시는 모든 일들이 우리에게는 모두가 신비가 아닐 수 없다.

만물의 창조 위에 인간의 창조가 그렇고 자연의 생성과 무한한 천체의 운행이 그렇다.

그러나 창조주께서 부여한 자연의 법칙 아래서 이루어지는 일들을 두고 우리는 신비라 하지 않는다.

그보다는 그것을 초월한 초자연적인 일들을 일컬어 신비라 한다.

나는 이 글을 쓰는 동안 여기에 다 쓰지 못하는 그 간의 겪었던 신비한 체험들이 있다. 그러나 이성으로는 이해할 수 없는 신비한 체험들은 객관적으로 논증하고 설명하기에는 나의 신학의 지식과 지혜가 너무 초라해서 이다.

어떤 일들은 지금도 똑같은 체험의 연장선상에 있는 일들도 있다.

그러나 나의 믿음이 보다 성숙해 지고 신학적인 지식도 더 쌓을 수만 있다면.

그리하여 어느 날 자연스럽게 일상의 일처럼 말할 수 있는 그 날까지 인내하려 한다.

신학원 4학년이던 어느 날 오후였다. 학교에서 귀가 후 외출을 하려고 집을 나설 때였다. 태양의 둘레에서 투사하는 원통형의 강한 햇빛이 나의 온 몸에 쏟아지고 있었다.

그 빛은 평소의 수백 배나 되는 것 같았다.

그 빛의 찬란함과 눈부심이 이루 형언할 수 없었기에 나는 그 때 그 현란한 빛속에 파묻혀서 이런 생각을 하였다.

이 땅에 죄가 들어오기 전에는 태양은 저렇게 빛났으리라고 그리고 지금 생각건대 나는 그 때부터 내 의지를 넘어선 초월적인 전능자의 의지 속에 사로 잡혀 때로는 꿈속 같은 시간 속에 갇히곤 하였다.

졸업 시험도 끝나고 1992년 12월 3일, 졸업식까지는 며칠의 공백이 있었다. 어느 날 혼자 있는 집안은 조용하였다. 나는 거실 쇼파에 앉아 지나간 4년의 신학원 생활과 내 50년의 살아온 날들을 회상하며 여러 가지 생각에 잠겨 있었다.

문득 기도가 하고 싶었다. 방으로 들어가 시편 18:1 말씀이 걸려 있는 벽을 향해 무릎을 꿇었다.

뜨거운 눈물이 볼을 타고 흘러다.

어느 분들은 해외 선교지로, 또는 교회의 부름과 개척지를 찾아 각자 에게 주어진 몫을 안고 길을 나서는데 나는 그때까지도 불확실한 미래를 두고 기도하고 있었기에 나만이 처져있는 듯한 뼈아픈 좌절감이 살아온 날들의 아픔과 함께 눈물이 되어 멈출 줄을 몰랐다. 시간이 얼마나 지나서였을까? 찬란한 광채가 방안 가득히 넘치면서 신비하게 들려오는 은은한 나팔소리와 종소리와 함께 영혼의 심금을 울리는 천사들의 합창이 들려 왔다.

천국의 음악임을 이내 알았다.

"종아, 내가 너에게 기쁨을 주노라" 세미한 음성이었다.

"누구십니까?" 나의 영이 물었을 때, "나는 예수란다." 한없이 포근한 음성이었다.

아, 심령의 깊은 곳에서부터 기쁨의 샘이 넘치면서 환희는 파도가 되어 범람하듯 밀려왔다. 그리고 어느날 산상 철야의 밤에 드리던 기도가 생각났다.

"주님 버림 받아야 마땅할 저 같은 것을 구원하여 주신 은혜만도 감당할 수 없는데 이 늦은 나이에도 나의 소원에 응답하사 배움의 길을 허락하시어 신학을 배우게 하여 주시니 고맙습니다. 나로 하여금 능력의 일꾼 되게 하시고 주님의 일 하는 동안 세상의 일로는 누릴 수 없는 천국의 기쁨도 누리게 하옵소서."

"종아, 그 밤의 너의 기도가 응답 되었느니라."

어떤 보이지 않는 포근한 손이 나를 잡아 일으켰다.

그리고 나는 그 보이지 않는 손에 이끌려 천국의 음악과 함께 춤을 추웠다.

나는 그때의 그 신비한 체험이 있고부터 시간과 장소에 관계없이 어느 날은 길을 가다가도 어느 날은 자다가도 그 신비한 천국의 음악을 듣는다.

그리고 지금도 때로는 성령께서 주시는 기쁨에 취해 성령님과 함께
춤을 춘다.

나는 날개였을까
표표히 날았어라

아, 그 날의
환희여
기쁨이여
충만 이여

하늘의 황금 종 울려 퍼지고
금 나팔
비파소리
천사들 노래할 때

나 그 기쁨 못 이겨
춤추었네.

내가 본 낙원 내가 걸은 지옥

1992년 12월 3일, 신학원 졸업식이 있었고 몇 날이 지난 어느 날이었다.

그 황홀한 천국의 음악에 취해 춤과 함께하던 감격의 여운들이 체 가시기도전의 어느 날이었다.

나는 그 날 혼자 집에 있었다. 그 몇 날을 누리던 벅찬 환희와 감격은 어디 가고 내일에 대한 염려들이 산으로 다가와 나를 괴롭히면서 나의 마음은 온통 흙탕물의 쓴 연못이 되어 있었다.

그렇게 괴로움의 심연에서 떨고 있을 때 내 마음에서 주님의 음성이 들렸다.

"종아, 이제 너는 죽어라."

주님은 내 앞에 죽음이 임박하였음을 말씀하셨다.

그러나 나는 내가 왜 갑자기 죽어야 하는지에 대해서는 감히 묻지를 못하였다.

그러나 왜일까? 나는 두려움과 절망 보다는 무엇인가 한 가지도 보람있는 일을 남기지 못하고 세상을 떠남이 안타깝다는 생각이 들었다.

그런데 주님은 그때부터 나의 일상의 지극히 적은 부분들까지에도 간섭하시기 시작하셨다. 그날 오후였다. 베란다에 무질서하게 놓여 있는 십여 개의 화분들을 마치 자로 선을 그은 것처럼 부피가 큰 것부터 한

줄로 정돈케 하셨다.

그리고 그런 시간 속에서 살아오면서 흘리고 온 때 묻은 허물들도 보여주셨다.

그리고 다음 날이었다. 이웃에 사는 분에게 신앙생활을 하는데 덕스럽지 못한 일에 대해 아픈 충고같은 권면을 하라 하셨는데 그 내용은 담배를 피우지 말라는 것이었다. 집사인 그분은 타인이 보는 곳에서도 거리낌 없이 흡연을 하기 때문이었다.

그러나 그 일에 대해 차마 용기를 내지 못하고 주저하며 몇 날을 미루었으니 목이 곧은 자라 하시며 나의 목을 마치 기브스한 환자처럼 되게 하셨다.

나는 그렇게 부자연스러운 목을 하고 그 댁에 찾아가 신앙생활을 덕스럽지 못하게 하는 담배에 대해 책망이 담긴 권면을 하고 돌아왔다.

그 밖에도 몇 분에게 예언과 권면을 한 일들이 있었지만 그러나 그런 일들은 나의 의지에서가 아닌 나로서는 피할 수 없는 성령님의 강권하심 때문이었다.

그리고 어느 날은 나의 소지품 몇 가지를 이유를 묻지 말고 버리라 하셨으나 가정에 하나 뿐인 그리고 아직은 사용에 불편이 없는 TV도 폐기하라고 하셨다.

내가 괴로워하며 주저하고 있을 때 주님은 또 말씀하셨다.

"종아, 그 일이 네 죽음의 시작이니라."고.

나는 가족들이 없는 사이 TV를 망치로 부셔 밖에 버렸다.

상식 밖의 나의 행동에 나의 가정엔 죽음 같은 싸늘한 냉기가 돌기 시작하였다.

그리고 세상과 가족들 앞에 나는 환자의 모습으로 비치기 시작했다.

어쩌면 너무나 당연한 결과였는지도 모른다.

그런 나의 비정상적인 행동 때문에 가족들의 연락을 받고 였으리라. 신학원 동문인 전도사님들 몇 분의 내방이 있었다.

그러나 그때 나는 이미 주님으로부터 철저히 침묵을 요구 받고 있었고 또한 내 의지로는 혀가 풀리지 않아 말을 할 수가 없었다.

나는 가족과 동문들 앞에서 침묵한 채 성령님과 함께 춤을 추었다.

그리고 몇 분과는 뜨거운 눈 맞춤이 있었어도 우리는 서로가 침묵할 따름 한 마디의 대화도 없었다.

춤이 끝나고 나는 거실 바닥에 누워 있었고 전도사님들은 나의 주위에 둘러 앉아 기도하였고 그 기도가 끝날 때까지 주님은 여러 가지 영적인 비밀들을 보여 주셨는데 그 중에는 귀신의 방언도 알게 하셨다.

그리고 며칠 후 신학원 동문이신 전도사님들 몇 분이 다시 저의 집을 두 번째 방문한 날이었다.

나는 내실 침대에 누워 있다가 전도사님들을 맞으려고 방문을 열고 문턱을 넘기 직전 어떤 강한 힘에 의해 그 자리에서 주저앉으며 쓰러졌다.

그러나 의식은 뚜렷하였고 마음은 지극히 평온하였다. 그리고 얼마 후 나는 전도사님들이 타고 온 승합차에 실려 어디론가 가고 있었다.

그때 내가 탄 차는 최자실기념 금식 기도원을 향하고 있었는데 기도원에 도착하기 까지는 수직의 깊은 동굴과 수평의 긴 터널을 통과하는 느낌이었다.

그리고 기도원에 도착과 함께 지극히 짧은 몇 초 동안에 나는 눈을 뜨고 내가 타고 온 차가 기도원에 도착한 사실을 확인할 수 있었고, 그 몇 초 후 부터는 다시 나의 영혼은 지옥의 길을 걷기 시작했다.

그 처절하였던 지옥의 시간들, 내 생각으로는 백 년도 같고 천 년도 같은데 어느 날 아내를 통하여 그때의 시간이 세 시간이었음을 알았다.

세상의 세 시간이 그리 길었다니 믿어지지가 않았다.

그러나 성경은 우리의 이런 의문들에 대해 대답해 주고 있다.

"사랑하는 자들아 주께서는 하루가 천년 같고 천년이 하루 같은 이 사실을 잊지 말라"(벧후 3:8)

나는 언제부터인가 온 땅 위에 뱀들이 우글거리는 지옥의 길을 걷고 있었다. 그런데 신비한 것은 그 많은 시간 나는 땅을 보지 않고 앞만 보고 걸었어도 지옥의 편력이 끝나는 시간까지 단 한 번도 뱀을 밟지 않았을 뿐 아니라 나의 발에 부딪힌 일도 없었다.

어느 때는 가시 풀이 무성한 곳을 지나야 했었고 어느 때는 산 속을 걷기도 하였다.

바람 소리도 없는 죽음의 적막뿐인 세계, 흙과 돌과 나무 그리고 보이는 것은 땅을 덮고 있는 뱀뿐인 세계, 훗날 주님께서 알게 하셨지만 그 뱀들 속에는 저주받은 영혼들이 갇혀 있다 하셨다.

"근신하라 깨어라 너희 대적 마귀가 우는 사자같이 두루 다니며 삼킬 자를 찾나니"(벧전 5:8)

나는 그곳을 단 일분의 휴식도 없이 걸어야 했다.

단 1분만 쉬어도 조금은 나을 듯 싶은데 시선을 떨구고 땅을 보면 온통 뱀으로 덮여 있으니 어디고 잠시나마 앉아 쉴 곳이 없었다.

무섭고 고독했다. 그리고 시간이 갈수록 고독과 공포는 나의 심장을 멈출 듯이 압박했다.

그런데 언제부터였는지 나의 두 다리는 허벅지부터 발등까지 마치 바람을 넣은 고무풍선처럼 부풀어 있었는데 그것은 나의 안에 있는 교만이 나의 두 다리를 통해 나의 밖으로 나가려 하기 때문이었다.

나는 그 때의 고통과 아픔을 어떻게 글로서 표현할 길이 없다.

다만 기가 막히고 아팠었노라고 밖에는…. 마치 온 육체가 생체로 찢어지는 듯이 아팠다.

그렇게 5년쯤 걸었다고 생각 되었을 때였다.

내 안에 있는 교만도 다름 아닌 그리 크지 않은 두 마리의 뱀이었다.

그 두 마리의 뱀은 나의 발바닥을 뚫고 나와 나의 발끝에서 죽어 있었다.

그리고 교만이 나의 몸을 빠져 나가느라 고무풍선처럼 부풀었던 두 다리는 교만이 빠져 나가자 마치 바람 빠진 튜브처럼 쭈그러졌다.

그러자 그 긴 시간의 고통은 멈추었어도 두 다리에 힘이 빠져 어디에고 주저앉아 잠시라도 쉬어 가고 싶었지만 그럴 수 없음이 기가 막혔다.

그렇게 쉼없이 걷기를 또다시 5년쯤 걸었다고 생각 되었을 때였다.

두 마리의 용이 나의 길을 막았다.

두 마리의 용은 숲속에 있었기 때문에 그 전체의 모습은 보이지 않았고 숲 위로 내민 머리와 몸통의 일부만이 보였다.

나의 평소의 생각에는 용은 실재하지 않는 추상의 존재려니 하였다.

그러나 신앙생활을 하면서 성경에 기록된 용의 존재에 대해 믿었으나 그러나 평소에 보아온 그림의 모양과 너무 동일한 실재하는 존재임을 보고 놀랐다.

나는 나의 앞을 가로막는 그 두 마리의 용들로 인해 가던 길을 멈추었다.

그런데 그 용 넘어 손에 잡힐 듯 지척의 거리에 천국이 있었다.

손바닥만한 언덕 하나 없이 끝없이 펼쳐진 평원에는 약 50평쯤의 둥근 꽃밭들로 이루어졌는데 그 꽃밭에는 하얀 장미들로 꽉 차 있었다. 그리고 주님은 성화에서 본 그대로 붉은색 망토를 입으시고 지팡이는 오른쪽 어깨위에 올리신 채 원형의 꽃밭들 사이를 거닐고 계셨고 몇 마리의 양들은 주님 곁에서 풀을 뜯고 있었다. 그리고 시야의 좌측 아스라

이 천국의 기차가 하얀 수증기를 내뿜으며 가고 있었다. 그러나 지옥의 종점이었을까? 천국이 지척인 그곳에서 목이 터져라 주님을 부를 수도 있었건만 주님을 한번도 불러보지 못하고 가던 길을 돌아섰다. 돌아오는 길은 풀 한 포기 없는 지옥의 삭막한 사막이었다.

어느 지점에 왔을 때였다. 솔개 한 마리가 공중에서 내 머리 위를 배회하였다. 걸음을 멈추고 한동안 솔개를 쳐다보고 있을 때였다. 하늘에서 우레와 같은 음성이 들렸다.

"천국을 보여주랴?" 라고 나는 지금껏 그토록 큰 음성을 들어 본 일이 없다. 온 천하가 흔들리는 것 같았다. 내가 하늘을 향해 큰 목소리로 물었다. "누구십니까?" "나는 예수니라" 천국에 발을 딛고 서보지는 못하였어도 천국을 보고 오는 나에게 다시 천국을 보여주랴 하심이 의아했다.

그런데 그 순간 나의 머리를 스치며 지나가는 것이 있었다. 몇 년 전 새벽 꿈속에서 천국에서 들려오는 내 영혼의 찬송을 들으며 주체할 수 없는 감격속에 황홀해 했던 기억이 나며 다시 천국을 보여 주시면 그 황홀함을 감당할 수 없을 것만 같은 생각이 들어 나는 지체없이 싫다고 대답하였다. 그러자 주님께서 또 말씀하셨다.

"보지 않고 믿는 자는 더 복이 있느니라" 라고 그리고 그 날의 그 의문은 그로부터 십수 년이 지난 2008년 12월 어느 날, 풀렸다. 그 날 내가 본 그곳은 천국의 관문인 낙원이었다.

잃어버린 자유

지옥을 걷던 그 많은 시간들의 아픔을 나는 어떻게 다 쓸 수 없다.

시간의 개념도 없이 그저 적막 뿐이었던 곳 움직이는 것이란 뱀 뿐이었다. 아니 뱀들도 움직이지 않고 그대로였다.

그 곳을 방황하며 내가 겪은 그 처절한 아픔들을 나의 글 속에 담음은 시작부터가 무리임을 알았어도 그러나 이 일은 주님의 명령이셨기에 침묵은 또 다른 죄를 범하는 일이어서 설명이 가능한 단편적인 부분들을 표현의 미숙속에 오는 부끄러움을 마다 않고 썼다.

성경은 지옥에 대해 여러 곳에서 그 비참한 실상을 밝히고 있다.

"거기는 구더기도 죽지 않고 불도 꺼지지 아니 하느니라 사람마다 불로서 소금 치듯 함을 받으리라"(막 9:48-49)

그리고 결코 가서는 안될 저주의 세계이기에 주님께서 친히 이렇게 경고 하신다.

"만일 네 손이나 네 발이나 너를 범죄케 하거든 찍어 내버리라 불구자나 절뚝발이로 영생에 들어가는 것이 두 눈을 가지고 불에 던지운 것보다 나으니라"(마 18:8-9)

많은 사람들이 지옥을 우리의 현실 앞에 다가온 어려운 환경쯤으로 착각하는 것을 본다.

그럴까 정말 그럴까?

그러나 감히 말하건대 어느 분이고 지옥에 대한 착각이나 안이한 생각은 버렸으면 한다. 나는 지금도 가끔 기도시간에 입신의 경지에서 지옥의 참상을 본다. 그런데 우리의 상식으로는 이해할 수도 상상할 수도 없는 곳이 지옥이다.

세신간의 지옥의 방황은 전장에서 부족한데로나마 설명하였으나 이 단원에서는 내가 기도 중에 입신의 경지에서 본 지옥의 참상 몇 가지를 더 쓰려 한다.

어느 날 새벽 기도 하는 중 지옥의 한 장면을 보았다.

한 영혼이 길을 가는 중에 목이 잘려 나가는 것이었다. 그리고 잘린 목도 보이지 않았다. 그래도 그 영혼은 여전히 걷고 있었다.

"주님, 머리도 없이 어떻게 살아 있지요?"

"이 땅에서는 하체가 없이도 사는 사람들이 있지 않느냐?" 더는 말씀 하지 않으셨다.

그리고 어느 새벽 기도 중에 입신의 경지에서 지옥의 참상을 보았다.

해골같은 영들이 우글거리고 있었다.

그런데 나는 차마 볼 수 없는 참상을 또 보았다. 눈속에도 코속에도 뱀들이 뚫고 다니는 곳이었다.

나는 왜 그토록 참혹한 지옥의 실상들을 굳이 밝혀야 하는 것일까?

지옥이 세상에서 겪고 보는 힘든 일이나 역경 정도로 잘못 생각할까 해서 이다.

지옥은 우리의 상상을 아무리 동원해도 그곳의 실상에 접근할 수가 없는 참혹한 세계이다.

　그러므로 지옥은 비어 있어야 한다. 한 영혼도 그곳에는 가서도 있어서도 안될 곳이다.

　인간은 하나님의 형상과 모양대로 지음 받은 지고한 존재가 아니든가 태초의 이 땅은 인간이 다스리며 삶을 누려야만 하는 낙원이었다.

　그런데 어느 날 이 땅에 저주가 들어왔다.

　사단은 뱀을 통하여 인간을 유혹하여 인간은 그 유혹에 눈이 어두워 하나님을 반역하고 죄의 노예가 되었다. 그로부터 인간은 그 저주의 화신인 뱀이 섬김의 대상으로 숭앙받는 죄의 문화를 먹고 마시며 살아왔고, 지금도 인간의 우매는 그 저주의 사슬을 끊지 못하고 있지 않는가?

　우리 역사의 한때는 군왕이 마치 큰 뱀의 화신 인양하여 왕이 앉는 자리를 용상이라 하였고, 왕이 입은 옷을 용포라 하였고, 그 얼굴을 일컬어 용안이라 하지 않았던가, 그러나 그 저주의 사슬을 끊지 못하고 지금도 이 땅에는 처처에 그 흉한 형상들이 마치 경외의 대상인양 자리하고 있으니 우리는 언제까지 이렇게 어리석어야 하고 무지해야 하는가? 그리고 언제까지 하나님 앞에 이토록 오만해야 하는 것일까?

　내 영혼이 지옥에서 돌아와 나의 육체가 눈을 뜰 때부터 나의 의지와 행동은 철저히 속박 받기 시작하였다.

　나는 건강한데 세상은 나더러 아프다 하였고 나는 바른말 하는데 아무도 나의 말을 믿지도 들으려고 하지 않았다.

나는 이미 정신적인 환자였다. 그러므로 나의 모든 언행은 정상적인 대우를 받지 못하였다.

다만 끝없이 침묵만을 요구 받았다.

어쩌다 나의 형편이 이렇게 되었단 말인가, 갑자기 비극의 나락에 처해버린 나의 처지가 어쩌면 꿈일지도 모른다는 생각이 들기도 하였다.

그러나 몇 번을 확인하여도 꿈 아닌 현실임이 안타까웠다.

내 영혼이 이 땅에 다시 돌아와 눈을 뜨니 실내에는 전등불이 켜 있는데 조금 있으니 저녁 식사가 배달되었다.

허, 허, 그런 나를 두고 밥을 먹으라니 그 상황에서 어이 내 입에 밥이 들어 갈 수 있겠는가, 나는 너무나도 갑자기 이해할 수 없는 처지로 전락해버린 나의 현실이 너무 기가 막혀 밥상을 엎고 말았다.

그 방에는 둘째 아들과 나와 신학원을 함께 졸업한 두 분의 전도사가 있었다.

음식은 쓰레기통에 버려졌고 나의 이 땅에서 새로운 출발은 그렇게 스산한 아픔의 출발이었다.

갑자기 화장실이 가고 싶었다. 그러나 그 때부터는 그것까지도 주위 허락과 보호가 필요하였다.

화장실에 앉아 있는데 육중한 물체가 마치 보자기에 싼 물건이 밑으로 쏟아지듯 항문을 통해 쏟아졌다.

평소 같았으면 당연히 놀라며 확인 하였겠지만 그러나 의지와 행동이 철저히 구속 받는 상태에서 침묵만을 요구받을 때라 그 절망의 상황을 이기느라 울고 있을 때여서 당시의 내게는 그것을 확인할 마음의 여유가 없었다.

그때 내 마음을 통해 들려오는 세미한 음성이 있었다.

"너의 병이 나았느니라"

"누구십니까?" 나의 영이 물었다.

"나는 예수니라" 다음에야 알았지만 나의 하체로 쏟아진 물체는 이십년 가까이 나를 괴롭힌 치질과 손댈 수 없는 상태까지 진행된 위암 덩어리였다.

위암은 신학원 2학년때 어느 병원에서 방사선 촬영을 통해 확인된 나만이 아는 일이었다.

그러나 어리석은 나는 주님께서 베푸신 그 한없으신 긍휼과 사랑의 치료 앞에서도 감사는 없이 주님의 그 깊고 오묘한 사랑의 매 앞에서 아픔만 생각하며 울고 있었으니 지금 생각하면 주님 앞에 부끄럽고 부끄러울 뿐이다.

"욥기 12:14은 그가 허신 즉 다시 세울 수 없고 사람을 가두신 즉 놓이지 못하느니라"고 말하고 있다 나 또한 전능자 앞에서 우리의 존재가 얼마나 무력한가를 그때처럼 뼈저리게 느껴본 일이 없다.

때로는 우리에게 아픔을 통해 주시는 주님의 깊은 사랑을 지금에사 조금은 알 듯 하여도 그러나 나는 내게 닥친 당시의 수수께끼와 같은 일들이 주님의 뜻 안에서 이루어지고 있음을 알지 못하고 내 의지와 수단으로 그 환경에서 탈출하려다 겪은 수모와 참담한 아픔들을 밝히기 힘들어서 그냥 묻어 두려 한다.

그러나 그로 인한 결과는 나의 손과 발에 때로는 쇠사슬이 감기고 나는 한 마리의 짐승이었다. "주님 저를 언제까지 이렇게 두시렵니까?"

그러나 주님의 침묵은 길으셨다.

그러나 나는 그 절망의 심연속에서도 주님의 손을 놓치지 않으려고 몸부림쳤다. 수많은 분들이 나를 보고도 그대로 지나쳤다. 그중에는 함께 4년을 신학을 배운 분들도 있었고 세상과 하나님께로부터 버림받은 자를 보듯이 외면하고 지나갔다.

그러나 체념과 절망이 함께 했던 그 때의 아픔들은 오롯이 지금의 나의 삶과 영혼에 보석보다 귀한 생명의 자양분이 되어 나의 영육을 윤택하게 해주고 있어 고마울 뿐이다.

그리고 나는 그때부터 수많은 이상들을 보기 시작하였다.

어느 날은 어느 분이 다른 분에게 방언으로 기도하고 있었다.

그런데 그 사람의 혀는 뱀의 혀처럼 날름거리고 있었다.

그 방언은 그 분을 위한 축복의 기도가 아닌 무서운 저주였다.

소름이 끼쳤다. 그리고 자세히 보니 그 사람의 눈빛 또한 예사로운 것이 아니었다. 뱀의 눈빛을 발하고 있었다.

나는 괴로워 주님께 영분별의 은사를 거두어 주시라고 기도 하였다.

그러나 주님은 어느날 "종아, 군사가 무기가 없으면 무엇으로 싸우겠느냐? 이 은사는 내가 네게 주는 삶의 무기이니라." 하셨다.

나의 어리석음에 대한 주님의 책망이 담긴 그 깨우치심 때문에 나는 그때부터 그 어리석은 기도를 멈추었다.

나는 건강한데
모두들 나더러 아프다 하였다.

나는 바른말 하는데
아무도 믿지 않았다.

쇠사슬이 나를 묶었고
나는 한 마리의 짐승이었다.

주님 저를 언제까지
이대로 두시렵니까?

자유롭지 않고서야
자유의 소중함을 알았고

자유 하는 새가 부러워

울었다.

두 천사

몸부림도 항변도 내게는 도무지 아무 도움이 되지 않았다.

그런 나의 거칠은 행동은 오히려 나를 속박하였고 나를 보다 부자유케 하는 사슬이 되었다.

그래서 내가 정신적으로는 온전한 사람임을 인정받을 때가지는 나를 간섭하는 사람들의 지시에 따르는 길 밖에 다른 길이 없음을 깨달았다.

슬프지 않을 수 없었다. 그런 체념 중에서도 때로는 기가 막히고 견딜 수 없어서 슬프지 않을 수 없었다. 그런 채념 중에서도 때로는 기가 막히고 견딜 수 없어서 벽에도 문 모서리에도 머리를 부딪혀 보았다.

내게 닥친 당시의 상황이 꿈이 아닌 현실이라는 데서 오는 절망감 때문이었다.

그러나 그런 나의 고통의 몸부림은 여전히 정신적인 상처에서 오는 발작 같은 것으로 여겨졌기에 나에게는 도리어 상처로 남곤 하였다.

나는 서서히 그런 환경에서 나를 지키기 위해서는 보다 지혜로워야 한다는 생각을 하기 시작하였다.

그 결과, 나는 나의 환경에 대한 그런 모습의 저항을 포기 하였다.

그리고 죽든지 살든지, 주님께만 의지하기로 결심 하였다.

그러던 어느 새벽이었다.

무엇인가에 서서히 조여 드는 압박감에 잠에서 깨어보니 나는 언제부터인가 온 전신이 쇠사슬에 감겨 있었다.

그런데 그 쇠사슬은 예사로운 쇠사슬이 아닌 마치 그물처럼 얽힌 쇠사슬이었다.

나의 옆에서는 분명 두 사람이 조용조용히 대화를 나누는데 도대체 무슨 말인지 알 수 없었다.

어찌 들으면 조잘조잘 흐르는 물소리 같고 그러나 두 사람의 대화임은 분명하였다.

시간이 가면서 사슬은 점점 조여 들기 시작 하였다.

나의 몸은 금새라도 바스러질 것 같았고 심장은 곧 터질 것만 같았다.

고함을 치고 싶은데 입이 열리지 않았다.

"이래도 네 죄를 몰라?"

옆에서 대화하던 두 사람 중 누군가가 내게 던진 말이었다.

눈은 감긴 채 떠지지 않고 너무 아파서 대답할 힘도 없었지만 막상 말을 하려고 하니 입이 굳어 있어 열리지 않았다.

긴 시간 쇠사슬이 조금씩 조여 오던 그때의 아픔을 나는 어떻게 표현할 길이 없다. 그저 아팠었노라고 밖에는….

기가 막혔다. 아픔을 못 이기고 속으로 신음하는데 어느날 나의 기도를 두고 책망하였다.

그러나 그 책망 속에는 위로와 권면도 함께 들어 있음을 알 수 있었고, 그 기도에 걸맞는 삶을 살라는 뜻이 담겨 있음을 알 수 있었다.

"내 하나님 나의 아버지 우리 주 예수 그리스도, 영원하시고 자비로우신 성령님, 저를 불쌍히 여겨 주시옵소서. 저는 신학원 졸업하면 55세입니다. 비록 출발은 늦었어도 내 하나님 내 아버지 나에게도 남다른 지혜와 믿음과 능력을 주셔서 훌륭하신 목사님들처럼 능력있는 목회를 할 수 있도록 도와주시고 기도하고 설교할 때 귀신이 쫓겨가며 병든 분들이 치료함을 받으며 삶속의 문제들이 해결되게 하옵소서."

'그러면 그때 나의 이 기도가 잘못된 기도였단 말인가?'

그렇다면 용서를 빌고 싶었는데 입이 열리지 않았다.

그런데 시간이 가면서 그날의 아픔의 이유 중 하나를 조금씩 깨닫게 하였다. 기도 따로 삶 따로 행함이 없는 믿음과 입술로 지은 산 같은 죄가 보이기 시작하였다.

그러나 마음을 가다듬고 회개하기에는 사슬이 주는 고통이 너무 컸다.

그러나 고통 중에서도 마음을 다하여 회개하였더니 얼마나 지나서였을까?

눈이 조금씩 떠지면서 어슴프레 불빛이 보였다.

희미한 백열등 하나가 천정에 매달려 성전 안을 밝히고 있었다.

그런데 이상한 것은 방금까지 내 옆에서 대화를 나누며 나를 꾸짖고 책망하든 두 사람은 보이지 않았다.

너무 힘이 들어 다시 눈을 감았다.

그러자 여전히 수군수군 대화하는 두 사람의 음성이 또 들려 왔다.

그러다 또 한 분이 다그쳤다.

"야, 이 새끼야, 이래도 너희 죄를 몰라."

차마 그것들이 죄일 줄은 몰랐는데 평소의 생활속에 별 관심없이 뱉은 허다한 말들이 다 허물이었다.

온통 삶이 죄 같았다.

견딜 수 없는 고통속에서도 의식은 명료했다.

너무 힘들고 기가 막혀 그들이 누구인지는 몰라도 조여드는 쇠사슬을 조금만 늦춰줄 수 없겠느냐고 나의 영이 사정을 하자

"잔말 말고 있어." 거칠고 매정하였다.

아, 이제는 죽나 보다.

나는 차라리 체념해 버리기로 마음먹었다.

참으로 이상했다. 죽기를 작정하고 체념해 버리자 그때부터 조여오는 쇠사슬이 서서히 늦춰지고 있었다.

그러면서 생각나는 성경 말씀이 있었다.

"아무든지 나를 따라오려거든 자기를 부인하고 자기 십자가를 지고

나를 쫓을 것이니라. 누구든지 제 목숨을 구원코자 하면 잃을 것이요, 누구든지 나와 복음을 위하여 제 목숨을 잃으면 찾으리라"(마 16:24-25)

아직도 나의 옛 사람이 죽지 않고 있어서 오는 아픔임을 깨닫게 하셨다.

그렇게 서서히 서서히 늦춰지든 사슬은 툭하고 바닥에 떨어지는 소리가 났다.

그들은 주섬 주섬 사슬을 챙기더니 내 곁을 떠나면서 두렵고 떨리는 음성으로 말에 대한 실수가 없기를 경고하고 떠나갔다.

나는 그제서야 그들이 천사였음을 깨달았다.

누구십니까, 나는 예수니라

늦은 나이 4년의 땀 끝에 신학원을 졸업하고 불과 며칠 후 졸업장의 잉크가 채 마르기도 전의 어느날 나는 가족과 세인들의 눈앞에서 정신이 빼앗긴 자로 여겨져 오산리 〈최자실 금식기도원〉으로 옮겨진 후 기도원에서의 몇 개월 동안 그 참혹했던 고통은 내 신앙의 여정에 피처럼 새겨진 한 자국으로 남아 있어 주님의 나에 대한 뜨거운 사랑의 증표가 되었고 그 사랑의 덕에 나는 지금도 이렇게 빛나는 태양 아래서 맑은 공기를 마시며 주님을 찬양하고 있다.

그리고 그 고난의 시간 속에서 주님은 내 영혼의 눈과 귀를 열어 주시사 "주의 법의 기이한 것을 보게 하소서"(시 119:18) 라고 부르짖던 시편 기자의 기도가 나에게도 응답되었음을 감사하며 "내가 주께 대하여 귀로 듣기만 하였사오나 이제는 눈으로 주를 뵈옵나이다."(욥 42:5) 라는 욥의 뜨거운 고백이 내게도 임하던 날의 감격과 아픔을 쓰려 한다.

기도원에 옮겨진 며칠 후부터 내 안인지 밖인지 알 수 없는 곳에서 나를 부르는 음성이 있었다.

"종아, 너는 나와 대화하자."

내가 물었다. "당신은 누구십니까?"

"나는 예수니라."

그러나 나는 그 말을 믿을 수가 없었다.

수수께끼 같은 미로에 갇혀 있는 나의 현실을 돌아볼 때에 마귀의 유혹일지도 모른다는 생각 때문이었다.

"당신이 정말 예수라면 저를 어이 이처럼 비참한 처지에 버려둔단 말씀입니까?"

그런 나의 항변에는 침묵하신 채 그래도 그분은 밤낮을 가리지 않고 몇날을 나와 대화하기를 요구하셨다.

시간이 갈수록 나는 두렵고 떨렸다.

나는 서서히 그 분과의 거리를 좁혀 가기 시작하였다.

"진정 주님이시더라도 저의 지금까지의 불경의 말들을 용서하여 주시고 당신이 정말 주님이시라면 표증을 보여 주십시오."

끝가지 확인하지 않고는 믿을 수 없노라는 나의 고집 때문이었을까?

기도원에 나의 몸을 맡긴지 체 열흘도 안된 어느 새벽 내 마음의 눈을 통해 골고다를 향해 십자가를 메고 가시는 주님의 힘든 모습이 보였다.

가시관을 쓰신 머리에서 흐르는 피 때문에 눈을 뜨지 못하시고 괴로워하시는 주님에게 로마 병정들은 가혹한 채찍질을 멈추지 않았다.

보기가 너무 힘들어 몸부림치며 울었더니 "종아, 그래도 보아야 하느니라." 하시면서 나의 외면을 막으셨다.

"그는 우리의 질고를 지고 우리의 슬픔을 당하였거늘 우리는 생각하기를 그는 징벌을 받아서 하나님께 맞으며 고난을 당한다 하였도다 그가 찔림은 우리의 허물을 인함이요 그가 상함은 우리의 죄악을 인함이라 그가 징계를 받음으로 우리가 평화를 누리고 그가 채찍에 맞으므로 우리가 나음을 입었도다"(사 53:4-5)

내가 어지 감히 주님의 종이 될 수 있단 말인가?

나는 그분 앞에 설 수 없는 죄인임을 또한번 뼈속까지 깨달았다.

"주님, 저같은 죄인이 어찌 주님의 종이라 부름을 받겠습니까?"

종이란 말씀은 거두어 주세요.

"그러면 어떻게 부를거나 이름을 부르랴 아니면 아들이라 부르랴"

나는 놀라며 다시 말씀을 드렸다.

"주님, 종이라 부르심도 감당할 수 없는데 아들이라니요?"

"그렇다 종아, 너를 위해서 이니라. 종이라 부르게 하여라."

나는 더는 어쩔 수 없어 침묵하였어도 그러나 아무리 생각해도 주님의 종이 될 자격이 없는 나를 보며 괴로웠다.

종이 어디 자유 한 종이 있었던가? 종이 어디 자기 뜻을 펴려 하였던가? 아직도 버리지 못한 나의 옛사람은 내 안에 살아서 나를 힘들게 하는데….

그러나 왜 이실까?

주님은 나를 두고 여러 가지 이름으로 부르셨다.

그중에는 내가 그토록 힘들어했던 아들이라 부르실 때도 많았다.

그리고 어느 때는 전도사라 부르기도 하시고 그리고 어느 때는 "이놈아" 라고 부르셨다. 그리고 주님은 지금도 어느 때는 나더러 "이놈아" 라고 부르신다.

나는 그때처럼 행복할 때가 없다.

그 부르심 속에는 하나님의 나에 대한 모든 사랑이 하나도 남김없이 용해되어 있는 듯한 느낌이 들기 때문이다.

이 글을 쓰는 이 시간도 주님은 내게 말씀하신다.

"이놈아, 내가 너를 사랑한단다." 라고 어느 날, 주님이 나를 부르실 때 나는 꿈인가 했다. 그러나 음성의 진원지를 몰라 애탔던 나.

내 마음의 창에 비친 주님의 모습

십자가를 메고 가셨다.

내 비좁은 어딘가에 내 영혼을 접하고

주님은 계시던 것을

오늘도 여라

이 놈아 내가 너를 사랑한단다.

그리고 또 말씀하시네.

사랑만 있는

무욕의 무죄의 나라 잊지 말라고

피에 젖은 십자가

시간이 지나면서 나는 서서히 체력의 한계를 느끼기 시작하였다.

매일 새벽부터 이어지는 하루 네 번의 예배, 거기다 철야 예배가 있는 날이면 수면 시간은 거의 빼앗기고 만다.

또한 기도원 강사들의 설교는 거의 시간의 제약을 받지 않는다.

나의 숙소는 내가 기도원을 떠나기전 며칠을 제외하고는 성전 예배실이었기에 항상 수면의 부족에 허덕였다.

그렇게 지치고 수면이 부족한 중에도 밤늦도록 주님과 나누는 내 영혼과의 대화는 내가 주님과 함께 있다는 살아 있는 증거였고 그 절망의 자리에서도 나를 가누는 힘이 되었다.

그 심오한 영계의 비밀들을 나의 영혼과의 대화를 통해 일러 주시며 하루에도 몇 번씩 "종아, 내가 너를 사랑하노라" 하시며 나에 대한 주님의 사랑을 확인시키시며 나를 위로하시던 주님….

그러나 나는 여기에서 우리의 상식으로 이해할 수 없는 한 가지 비밀을 털어놓으려 한다.

그렇지 않고는 그 당시 그 심오한 영적인 체험속에서 내가 겪어야 했던 그 기막힌 고통을 설명할 수가 없어서이다.

내 영혼의 주님과의 대화는 수면 시간을 제외하고는 단 1초의 멈춤도 없었다.

독자가 이런 사실을 이해할 수 있을까? 단 1초의 쉼도 없이 계속되는 대화를, 그러나 나의 이 고통은 기도원에서의 몇 개월뿐만 아닌 그 후에도 약 1년여의 긴 시간동안 계속되었다.

그러나 그날의 그 고통은 헛되지 않아 지금도 때로는 주님과 스스럼없이 대화의 시간도 누릴 수 있음을 감사한다.

그많은 시간 쉼이 없이 계속된 영적인 충전과 계시는 내 영혼을 기름지게 하는 생명의 자양분이 되었어도 그러나 육은 너무 힘들어 갈기 갈기 찢어져 어디에고 강한 충격으로 부딪혀 죽고 싶었다. 그런 중에서도 어느 날은 타의에 의해 며칠을 금식하기도 하였다.

나는 그때처럼 평범한 신앙생활 속에서 굴곡 없이 살아가는 분들을 그토록 부러워해 본 일이 없다.

나는 왜 늦은 나이에 신학원에 입학 하였을까?

끝없는 후회가 격렬한 고통으로 다가와 나의 심장을 후볐다.

그것은 당시 내가 그 고통스러운 상황에 처해 있는 이유 중의 하나가 늦은 나이에 신학의 과정 때문일지도 모른다는 생각 때문이었다.

"주님, 저 신학원 다닌 것 없었던 일로 하고 저를 이곳에서 내보내 줄 수 없겠습니까?"

"종아, 신학원은 내가 다녔단다." 바울의 고백이 생각났다.

"내가 그리스도와 함께 못박혔나니 그런즉 이제는 내가 사는 것이 아니요 오직 내 안에 그리스도와 함께 못 박혔나니 그런즉 이제는 내가 사는 것이 아니요 오직 내 안에 그리스도께서 사시는 것이라"(갈 2:20)

그렇다, 나는 그 때 까지도 나의 삶은 내 의지의 결과이려니 하였다. 그러나 아니었다.

"사람이 마음으로 자기의 길을 계획 할지라도 그 걸음을 인도하시는 자는 여호와시니라"(잠 16:9) 하지 않았던가, 우리의 삶이 우리 의지만의 결과가 아님을 깨닫기 시작했다.

그날밤 주님은 나에게 삶에 대해 깊은 사색에 빠지게 하였다.

그러면서 살아온 날들의 깊은 곳까지 돌아보게 하였다.

그래도 너무 힘들어 "주님, 자살하면 지옥 가겠지요?"

주님은 대답대신 그러나 무슨 뜻이셨을까?

"욥기를 읽어 보았느냐?" 고 물으셨다.

대답대신 욥의 인내를 생각하고 있을 때였다.

"종아, 나를 보아라."

마음의 눈에 십자가를 메고 가시는 주님의 모습이 또 보였다.

힘이 들어 눈을 감았더니 손바닥 보다 적은 피에 젖은 십자가가 나의 왼쪽 가슴을 뚫고 들어왔다. 몸부림 끝에 성전 강단의 벽에 걸린 십자가에 나의 시선이 멈추었다.

주님께서 그 십자가에 달려 계셨다. 그리고 주님께서 달리신 십자가 밑에는 이제 갓 태어난 듯한 핏덩이 같은 사내아이가 강보 위에서 혼자 울고 있었다.

내가 마음으로 '어쩌면 저 핏덩이 같은 것이 나인지도 모르겠다는 생각을 하고 있을 때였다.

십자가에 달리신 주님께서 두 발은 그대로 십자가에 못박힌 채 상체를 구부려 핏덩이 같은 어린것의 두 발을 모두 잡고 거꾸로 들어 올리시더니 오른손으로 두어 번 볼기를 치시면서 "종아, 너이니라." 하셨다.

나는 나의 거듭남의 밤에 밤을 새워 울었어도 그러나 그 밤의 눈물은 꼭 아픔 때문만은 아니었다.

새 생명의 기지개

껍질을 깨는 아픔으로
부활의 새벽 맞던 날
그 부끄러운 삶
아픔으로 울어
아침 화단에 솟는
여린 생명으로
주를 보았습니다.

"엘리 엘리 라마 사박다니
나의 하나님 나의 하나님
어찌하여 나를 버리셨나이까?"

주님의 아픔
피로 강 되어
나의 죄 씻겨간 자리에
나
새로운 생명으로
호흡 하였습니다.

수많은 대화

나는 무엇 때문에 왜 이렇게 되었고 여기에 갇힌 자 되었단 말인가?

수수께끼처럼 풀리지 않는 의문을 부둥켜 안고 잠을 못 이루며 울고 있었다.

나는 그 곳 기도원에 있는 동안 몇 번이고 어디고 아무도 모르는 곳으로 훌쩍 떠나 숨어 살고픈 충동과 유혹이 일곤 하였으나 그러나 어쩌다 그 일이 잘못 되었을 때는 이보다 심한 환경이 갇힐지도 모른다는 두려움 때문에 나의 그런 뜻을 포기하곤 하였다.

금식과 기도에 지친 분들의 숨소리만 들려오는데 나는 그 밤도 잠을 이루지 못한 체 내 영혼의 주님과의 대화는 계속되었다. 그러다 울면서 주님께 물었다.

"주님, 저를 언제까지 이대로 두시렵니까?"

"종아, 시작도 끝도 내 안에서 이니라."

그 밤도 나의 회개는 쉬지 않았다. 나만의 아는 깊은 곳에 숨겨진 수많은 죄들을 한 겹 한 겹 양파를 벗기듯이 들어 내 보이시는 주님께서 물으셨다.

"종아, 너는 인간의 비극이 무엇이라 생각하느냐?"

나는 하나 하나 들어 내 보이시는 나의 지난날의 허물들에 대한 수치심 때문에 주님께서 보지 못하는 곳이 있다면 어디든 숨고 싶은 마음뿐이었어도 그러나 하나님 앞에서 인간은 숨을 곳이 없음을 깨닫고 괴로워하고 있을 때여서 그저 깊은 생각 없이 대답했다.

"예, 주님 앞에서는 인간은 숨을 곳이 없음이라 생각됩니다."

"허허, 내 앞에서는 숨을곳이 없음이 인간의 비극이라 너의 이 말을 천국의 사전에 기록하리라"

그러나 나는 나의 대답이 잘못된 것임을 이내 깨달았다.

죽음이란 다름 아닌 하나님을 떠난 것이 아니든가 나는 다시 다 회개하지 못한 무거운 죄 위에 또 한 점의 죄를 더 지고 회개 해야만 했다.

그렇게 밤이 깊도록 나만이 안다고 여겼던 숨겨진 나의 허물과 죄들을 하나 하나 들어내시면서 주님은 전지하신 분이심을 깨닫게 하시던 주님.

"종아, 이성봉 목사님을 아느냐?"

"예"

내 나이 18세때, 내가 처음 출석한 광주시 계림성결교회에서 며칠간 목사님은 부흥회를 인도하셨다.

그런데 그때 들은 말씀 중 지금까지 잊혀지지 않는 꼭 한마디가 있다.

"여러분, 자살도 살인이랍니다." 였다.

오래토록 신앙의 뿌리를 내리지 못하고 조그마한 시험 앞에서도 흔들리며 방황할 때마다 그리고 삶이 힘들어 죽음의 유혹 앞에서 서성일 때도 내 마음속에 남아 있는 목사님의 이 한마디가 한사코 나의 허리춤을 붙잡고 놓지 않아 어려운 시간들을 견디어 내곤 하였었다.

"이성봉 목사님과 대화해라"

주님의 말씀 끝에 목사님의 음성이 들려왔다.

"나는 이성봉 목사다. 너를 사랑한다. 그리고 너와 대화할 수 있도록 허락하신 주님의 사랑에 감사한다."

나는 목사님과 많은 대화를 나누었다.

그러나 대화라기보다는 목사님의 권면과 사랑의 말씀을 일방적으로 들었다 해야 옳을 것 같다.

말씀을 마치시면서 목사님은 또다시 나와 대화할 수 있도록 배려하신 주님의 사랑에 감사하셨다.

목사님의 말씀이 끝나고 주님의 음성이 다시 들렸다.

"최자실 목사님이 옆에 계신다. 목사님과 대화해라."

생전에 쓰시던 하얀 모자를 쓰시고 환히 웃으시는 목사님의 모습이 마음의 눈을 통해 보였다."

아들아, 힘을 내라. 우리 편이 더 많으니라 천국은 너를 위해 기도 한단다.

그러나 지금도 아쉬운 것은 당시의 대화나 중요한 일들을 메모해 두지 못한 아쉬움이 있지만 그러나 당시의 내게는 그런 자유가 없었고 설령 그런 자유가 허락되었다 하였더라도 그 많은 분량의 대화들을 기록하기는 힘들었을 것 같다.

"아들아, 또 보자."

말씀을 마치시면서 손을 흔들며 떠나가시던 목사님 그 후 또 어느 날은 대화를 마치고 떠나시면서 내게 주신 한 마디는 나는 지금도 잊을 수 없다.

"종아, 힘을 내라. 천국은 아름답단다."

나는 내가 여기까지 오는 동안 심히 힘들 때면 목사님의 그 말씀을 생각하며 인내할 때가 많았다.

내 기억으로는 "최자실"목사님이 이 땅에 계실 때 그리 많이 뵈온 기억이 없다.

그리고 내가 신학교 재학 중인 어느날 목사님은 천국으로 가셨다.

그리고 나는 목사님의 영전에 장미 한 송이 드린 일 밖에 없었는데 그 고난의 날에 목사님께서 내게 베푸신 사랑은 너무 벅찬 것이었다.

한 알의 쌀 튀김과 귤껍질

며칠을 타의에 의해 금식하고 있을 때였다.

성전의 앞자리에 앉아 울면서 기도하고 있었다.

"주님, 저를 이대로 두지 마시고 어서 천국으로 인도하여 주십시오."

"종아, 나를 보아라."

십자가를 지고 가시는 주님의 양 발에는 쇠줄이 묶여 있었고 머리에서 흐르는 피 때문에 눈을 뜨지 못하시고 괴로워하시는 주님의 모습이 또 마음의 눈으로 보였다.

차마 볼 수 없어 괴로워 몸부림치는 나에게 "그래도 보아야 하느니라."

살아오면서 지은 수많은 허물들이 또 화면처럼 스치며 지나갔다.

훌륭한 주님의 종들이 흘리고 온 아픔의 눈물은 외면한 체 그 분들의 오늘을 탐욕의 눈으로 바라보던 나의 어리석음도 보였다.

그리고 '이것쯤은 주님도 용서하여 주시겠지.' 어리석은 생각으로 나만이 아는 깊숙한 곳에 숨겨둔 허물들이 하나하나 그 모습을 드러내기 시작하였다.

참으로 가증한 나를 보여 주셨다.

그래도 열심히 산다고 살았는데 걸어온 날들이 너무 추해 울면서 눈을 감았더니

"네가 흘리고 온 것들이니 보아라."

아픔은 계속 되었다.

남을 울리고도 사랑이라 위장했던 거짓이, 겸손으로 위장된 교만이, 나를 위한 탐욕을 주님에 대한 사랑인양….

수많은 거짓이 진실과 사랑의 모습으로 위장되어 있었다.

"종아, 그것들을 지우자."

"주님, 어떻게요?"

"너만 먹었으니 이제 좀 굶자, 너만 입었으니 추위도 참자, 너무 잤으니 이제는 좀 깨어 있으려무나."

아,

잠이 그리웠다.

배가 고팠다.

때로는 추웠다.

그래도 주님은 배고파 우는 내가 딱하셨는지 "우선 그것을 먹어라" 밟혀서 때묻은 쌀 튀김 한 알이 앞에 보였다.

그것을 아무도 모르게 입에 넣었다.

꿀맛 같았다. 그리고 쌀 튀김은 입에 닿기가 바쁘게 한 순간에 입안에서 녹으면서 온 입안과 내장은 마치 박하사탕을 먹은 후와 흡사했고 온 몸 안에 향기가 넘치면서 힘이 솟았다.

그 쌀 한 톨의 힘이었을까?

전능하신 주님께서 무엇인들 못하실까 마는 신비한 체험이었다.

"종아, 그것도 먹어라."

먹고 버린 귤 한 개의 껍질이 통째로 나의 손이 닿을 만한 자리에 뒹굴고 있었다.

그런 것들을 마음대로 먹을 수 있는 자유가 없었기에 긴장하며 그것을 아무도 모르게 한입에 넣었더니 그것 또한 입에 넣음과 동시에 씹을 시간도 없이 입안에서 녹아버렸다.

어느날 세상에 나와 나는 그 때를 생각하며 귤껍질을 먹다 그때와 똑같은 체험을 한일이 또 있었다.

어디 더 귤껍질이 없나 찾았으나 더는 보이지 않았다.

나는 지금 그 날의 아픔들을 그리고 아픔 속에서도 때때로 누렸던 기적과 환희들을 때묻지 않은 진한 언어들로 쓰고 싶은데 비켜 가야 할 곳들이 많아서일까 때로는 비켜감도 힘들어서 그래도 오늘도 쓰다 말고 울었더니 주님께서 위로하시며 말씀하신다.

"종아, 쓰다가 힘들면 기도해라."
울면서 놓았던 펜을 다시 든다.

가질 것
아닌 것들 찾아
흘린 땀이 부끄러워
울었습니다.

가버린 날을
삶이라 하기에는
부끄러워

울었습니다.

그 부끄러움

주님의 피로 지운 자리

나 이제 주님만으로

채우게 하소서

휴거 후의 예배

나는 몇 번을 망설이던 끝에 이 단원은 쓰지 않기로 마음먹었다.

어느 날 밤, 이해할 수 없는 예배의 시종을 지켜보았는데 그 예배의 시대적 배경을 알 수 없어서였다.

그런데 이 간증을 거의 마칠 무렵 어느 날이었다.

종일 마음이 답답하고 불안하여 견딜 수가 없었다.

아무리 기도하여도 마음의 평안은 오지 않고 미래에 대한 불안까지 다가오며 나를 힘들게 했다.

그렇게 하루를 힘들게 지내고 다음날 새벽 기도시간에 주님은 이 단원도 빼놓지 말고 쓰라 말씀하셨다.

그러시면서 지금까지 이해할 수 없었던 그날 밤의 예배가 지니는 시대적 배경은 휴거 후의 예배였음을 깨닫게 하셨다.

"때가 아직 낮이매 나를 보내신 이의 일을 우리가 하여야 하리라 밤이 오리니 그 때는 아무 일도 할 수 없느니라"(요 9:4)

기도원에서 3개월째 접어든 어느 날 밤이었다.

나는 휴거 후 이 땅의 남은 자들 중에 드리는 예배를 처음부터 끝까지 지켜보았다.

나는 그 예배를 지켜보면서 지옥에서 드리는 예배가 아닌가 생각했다.

이 단원의 서두에서 말했듯이 내가 이 간증의 원고를 거의 마치기까지 이 단원에 대해 자신이 없었음을 그 예배의 시대적 배경을 알 수 없어서였다.

성령이 떠나버린 삭막한 예배를 처음부터 끝까지 지켜보는 나의 마음은 마치 쇳가루를 마시는 것 만큼이나 힘들었고 나의 영혼은 슬펐다.

그 예배의 처소나 회중에는 사랑도 기쁨도 소망 같은 것은 찾아볼 수 없었고 그저 죽지 못해 억지로 드리는 예배라는 인상을 받았다.

예배의 시작부터 목청을 높여 찬송하였어도 그 찬송은 나의 감정과 영혼에는 아무 위로가 없는 괴로움의 몸부림이요 공허한 메아리였다.

설교자는 설교를 마칠 때까지 울면서 설교하였지만 한 방울의 눈물도 없는 삭막한 울음이었다.

나는 보았다. 휴거 후의 이 땅은 울고 싶은 눈물까지도 거두어 갔음을 예배를 드리는 대다수의 사람들이 울고 있었지만 그들의 눈에서도 눈물은 찾아볼 수 없었다.

그저 목 타는 울음의 소리만 있을 뿐이었다.

아, 그 광경을 보고 있는 내 심장은 멎을 것만 같이 괴로웠다. 그리고 바울의 심정을 이해할 것만 같았다.

"내가 그리스도 안에서 참말을 하고 거짓말을 아니 하노라 내게 큰 근심이 있는 것과 마음에 그치지 않는 고통이 있는 것을 내 양심이 성령 안에서 나로 더불어 증거하노니 나의 형제 곧 골육의 친척을 위하여 내 자신이 저주를 받아 그리스도에게서 끊어질지라도 원하는 바로다"(롬 9:1-3)

한마디로 당시의 그 예배 모습은 마치 물이 말라가는 개울에서 마지막 숨을 헐떡거리며 괴로워하는 고기 떼들의 모습과 흡사하였다.

두 번째 등단한 강사는 자기에게 주어진 시간만이라도 채우려고 몸부림치는 모습이었지만 설교는 처음부터 끝까지 녹쓰른 쇳소리 같은 공허한 메아리였다.

그런데 예배의 처음부터 끝까지 기이하게 느껴지는 일이 있었다.

설교의 중간 중간 말의 부분 부분을 빠뜨리는 경우가 많았고 찬송가를 부를 때 가사 또한 그러했다.

내가 마음으로 의아해 하고 있을 때 였다.

주님께서 내 마음속에 말씀을 주시는데 그들은 성경 말씀을 가감한 죄를 범한 자들이라 하였고 한때는 신앙생활을 하다가 이단에 미혹된

배교자들이라 하셨다. 그리고 주님은 참으로 따뜻한 음성으로 이렇게 말씀하셨다.

"종아, 성경의 다독도 필요하지만 칼날 같은 정독은 더욱 중요하니라"고 많은 시간이 지난 후 예배는 끝났다.

그러나 아무것도 남은 것이 없었다. 피로와 허기뿐.

"내가 이 책의 예언의 말씀을 듣는 각인에게 증거하노니 만일 누구든지 이것들 외에 더하면 하나님이 이 책에 기록된 재앙들을 그에게 더하실 터이요 만일 누구든지 이 책의 예언의 말씀에서 제하여 버리면 하나님이 이 책에 기록된 생명 나무와 거룩한 성에 참여함을 제하여 버리시리라"(계 22:18-19)

"성령이 말씀하시기를 후일에 어떤 사람들이 믿음에서 떠나 미혹케 하는 영과 귀신의 가르침을 쫓으리라 하셨으니"(딤전 4:1)

나는 이 단원을 마치면서 이 예배가 지닌 또 한 가지의 영적인 의미를 부언하지 않을 수 없다.

이 예배는 휴거 후의 예배만이 아닌 이 시대의 성령이 없는 교회의 예배였음도.

성전이 진동하던 날

나의 기도원 생활은 지쳐 있었다.

그때 이미 나에겐 나를 지키기 위한 최소한의 자존심 같은 것은 의미가 없었다.

돼지우리 같은 곳에서라도 실컷 잠에 취하고 싶었다. 질에 관계없이 배부르게 먹고 싶었다.

생존의 수단인 빵과 수면이 그토록 귀한 것임을 그 때처럼 뼈저리게 느껴 본 때가 없다.

그런 상황에서 자존심 같은 것은 허울의 사치였다.

내일에 대한 기약 없는 생활 속에서 육신은 처절하리 만큼 지쳐 있었어도 그런 중에서도 주님은 수많은 영적인 체험들을 허락하였다.

또한 위기의 순간마다 주님은 호흡처럼 거의 가까이 계심을 수시로 확인시켜 주시므로 나로 하여금 결코 절망하지 말고 소망을 잃지 않도록 하셨다.

지금 생각해도 나는 그때처럼 고전 13:10 말씀을 나의 신앙과 삶속에서 그토록 뼈저리게 체험해 본 일이 없다.

"사람이 감당할 시험밖에는 너희에게 당한 것이 없나니 오직 하나님은 미쁘사 너희가 감당치 못할 시험 당함을 허락지 아니하시고 시험 당할 즈음에 또한 피할 길을 내서 너희로 능히 감당하게 하시느니라"

절망의 순간에도 주님은 그 때마다 피할 지혜와 길을 주셨기 때문이었다.

내가 기도원에 있는 동안 몇 분의 동문이 몇 번 찾아 준 일은 있었어도 그러나 그 분들은 나에게 위로보다는 오히려 상처만 주었다.

그러나 단 한 분, 지금은 화곡동에서 목회하시는 목사님의 위로의 방문은 나에게 큰 힘이 되어 주었다.

짧은 시간이었지만 정중한 예의를 갖추어 나를 만나준 유일한 분이셨기 때문이다.

그러나 대다수의 동문들은 물론 나와 지면이 있는 많은 분들이 하늘의 버림 받은 자를 대하듯 외면하며 지나쳤다.

그러나 그런 중에서도 시간이 지나면서 나에게 새로운 확신이 다가오기 시작하였다.

주님은 결코 나를 버리지 않으시리라는 그 첫째의 이유는 주님이 계속되는 위로와 권면 때문이었고 내 곁에서 활동하는 천사들의 권면과 위로 때문이었다.

주님의 사랑과 위로야 더 말할 나위 없지만 천사들의 권면과 위로는 지금도 나의 신앙생활에 큰 위로와 도움이 되고 있다.

다음 단원에서 천사들에 대한 보다 자세한 설명을 하려 한다.

어느날 나는 그날도 양 발이 사슬에 묶인 채 기도원 강단 앞에 앉아 기도하고 있을 때였다.

저와 같은 교구 안수집사 성백훈 지역장께서 나를 찾아 주셨다.

그리고 집사님은 식당이 있는 건물의 지하성전으로 나를 인도하였다.

성전 문을 열고 들어설 때부터 뜨거운 열기가 내 가슴에 와 닿았다.

나는 지금까지도 그 집회의 내용은 잘 모르고 있지만 여의도 순복음교회 안수집사회에서 주최한 부흥성회가 아니었나 생각된다.

집사님의 부탁과 배려로 예배를 드리는 동안 나는 사슬의 묶임에서 자유 한 가운데 예배를 드릴 수 있었다. 그런데 설교가 있기 전 통성기도 시간이었다.

기도가 끝날 때까지 성전을 온통 뒤흔드는 그 거대한 진동을 생각하면 지금도 가슴이 뛴다.

"여호와께서 통치하시니 만민이 떨 것이요 여호와께서 구름사이에 좌정하시니 땅이 요동할 것이로다"(시 98:1)

통성기도와 함께 강한 진동이 시작되었을 때 나는 지진으로 인해 성전이 무너지는 줄 알았다.

그러나 시간이 지나면서 성령님의 강한 역사이심을 깨닫기 시작하였다.

목사님의 설교가 끝나고 다시 통성기도 시간이었다.

동일한 진동이 시작되었는데 곧 성전이 무너질 것 같은 느낌이었다.

그날 참석하신 모든 분들이 나처럼 그 거대한 진동을 체험하였을까?

그날 그 진동은 어쩌면 나에게만 주신 주님의 사랑이셨는지도 모른다. 그렇게 생각하는 충분한 이유가 내게는 있다.

주님은 그 당시 내 속에 감추어 있거나 내가 미처 깨닫지 못하는 허물을 들추어 나로 회개케 할 때마다 특별한 환상이나 기적을 체험케 하셨는데 그날도 예외가 아니었기 때문이다.

주님은 그날도 그 진동의 체험 후에 내가 그때까지 깨닫지 못하고 있던 나의 허물을 깨닫게 하셨다.

나는 1987년 6월 12일, 여의도 순복음교회 서리집사에 임명이 되었다. 그리고 그 후 몇 년이 되어서 내가 신학원에 재학 중인 어느 날 교구 전도사님으로부터 안수집사 안수를 받으라는 연락을 받았다.

그러나 그 연락을 무시해 버렸다. 그리고 두 번째 받은 연락까지도 같은 방법으로 무시해 버린 것은 신학원을 졸업하면 개척할 결심을 하고 있었기에 구태여 안수집사의 직임이 필요하지 않을 것 같은 생각 때문이었다.

그러나 설령 나의 뜻이 그러하였어도 전도사님을 만나 뵙고 나의 뜻을 말씀드렸으면 좋았을 것을 나는 윗분들과는 단 한번의 상의도 없이 그것도 한번이 아닌 두 번씩이나 전도사님의 연락을 무시하여 버린 것이다.

주님은 나의 그런 교만을 책망하시면서 안수집사는 장로의 반열임을 말씀하셨다. 거룩한 성직을 세상의 일쯤으로 치부해 버린 나의 교만과 실수에 대한 자책이 끝없는 후회와 함께 나를 아프게 했다.

예배시간 나의 헌금에까지 마음을 써주시던 집사님은 예배가 끝나고 나의 발목에 사슬이 다시 감기는 것을 묵묵히 지켜보다가 성전을 나와서는 한동안 쓸쓸한 눈빛으로 나를 보시더니 침묵한 채 나의 곁에서 멀어졌다.

그렇게 말없이 멀어지는 집사님의 뒷모습을 보며 나는 속으로 외쳤다.

"집사님, 저만 두고 가면 어떻게 합니까?"

메아리 없는 나의 절규는 끝내 눈물이 되어 뺨을 타고 흘렀다.

기도하는 나의 모습

밤이 깊은 시간 성전의 불은 꺼지고 조그만 한 백열등 하나가 깊은 잠에 취해 있는 성도들 위해 뿌연 빛을 발하고 있었다.

나는 그 밤도 잠을 이루지 못하고 울고 있었다.

눈물속에 나의 시선이 강단의 벽 십자가 밑에서 멎었다.

열 살도 안 되어 보이는 어린 소년이 마치 활처럼 등을 굽히고 엎어저 기도하고 있었다.

저 기도하는 소년은 누구일까?

어쩌면 나일지도 모른다고 생각을 할 때였다.

"좋아, 너이니라." 주님의 말씀이셨다.

나는 며칠전 바로 그 자리에서 핏덩이같은 모습으로 강보 위에 벌거벗은 채 울고 있는 나를 보았거늘….

기도하는 모습이 너무나 외루워 보였다.

나는 지금도 기도하는 그 밤의 나의 모습을 잊을 수가 없다.

그리고 그 이후 지금까지 나의 기도하는 자세는 그 밤의 그 모습대로 이다.

그리고 그 후부터 나는 기도할 때 무릎이 불편하고 아프다는 핑계로 방석을 깔고 기도하는 일이 없다.

왠지 그런 것들은 기도와는 어울리지 않다는 생각에서이다.

그후 어느 날이다. 딱딱한 땅바닥에 아무것도 깔지 않고 장시간 기도하노라니 무릎과 발목이 아파 견딜 수가 없었다.

그런데 갑자기 이런 기도가 나왔다.

"무릎이 부러지고 발목이 부러지더라도 주님, 나로 하여금 이대로 기도하게 하여 주옵소서."

그러자 그 잠시의 기도 끝에 신비한 일이 일어나고 있었다.

무릎과 발목의 통증이 바뀌어 형언할 수 없는 기쁨이 되었다.

우리가 아프지 않고는 누릴 수 없는 주님의 사랑과 기쁨이 있음을 깨닫는 또 한번의 귀한 체험이었다.

내가 죽던 밤

그날 밤도 잠을 주시지 않으셨다. 그리고 그런 밤은 으레히 회개의 밤이기도 했다.

그리고 그 밤은 유난히도 늦은 나이에 신학을 배우고 주님의 일을 하겠다고 결심한 일에 대해 후회하던 밤이기도 하였다.

당시 나는 영혼도 육체도 갈기갈기 찢겨져 나가는 것 같은 매일의 고통 속에서 다해 가는 듯한 마지막 한 방울의 체력에 의존하고 있을 때였다.

그런 속에서도 삶 속에 흘리고 온 허물들을 보여주시며 주님은 나로 하여금 날마다 회개하게 하셨다.

그런데 그런 아픔 속에서도 깨닫게 하는 영적인 심오한 비밀이 있었다.

그날의 아픔은 꼭 나만의 허물 나만의 이유 때문만은 아니라는 사실을 지금은 이 세상에 안계시는 내 부모의 허물도 보여주셨다.

아내의 허물도 보여 주셨다. 그러시면서 그 짐도 나더러 지라 하셨다.

힘이 들었다. 기가 막혔다. 죽을 수만 있으면 죽고 싶은데 자살하면 지옥에 갈것이고 내 나이 10대에 내가 처음 예수를 믿을 때 들었던 이성봉 목사님의 "여러분, 자살도 살인입니다." 라고 하시던 설교가 두 눈을 부릅뜨고 나를 지켜보고 있었다.

아, 주님이 그렇게 매정할 수가 없다는 생각도 들었다.

그리고 그때마다 따르는 생각으로 왜 이럴 바에는 주님은 나에게 신학교를 졸업하게 하셨을까? 하는 원망과 의문 뿐이었다.

그 밤도 벌거벗은 나의 삶 앞에서의 회개는 우리의 삶속에 죄 아닌 것이 없다는 생각도 함께 하게 하였다.

그리고 죽음까지도 하나님의 허락 없이는 불가능하다는 엄숙한 진리 앞에 이르게 했다. 밤은 깊어 갔다. 더는 힘들고 견딜 수 없어 "주님, 저를 죽여 주십시오." 왜일까? 주님은 쉽게 대답하셨다.

"그래, 내가 죽여주마." 그리고 주님은 말씀 끝에 내 육체의 호흡은 정지시켰다.

왜일까? 그런데도 나는 여전히 살아 있었다. 내가 의아해 하고 있을 때였다. 주님은 조용히 그러나 더없이 엄숙한 음성으로 말씀하셨다.

"종아, 나는 전능자이니라" 한참 후 나의 호흡은 다시 계속 되었다.

그 일이 있고부터 나는 주님 앞에서 죽고 싶다는 나의 하소연을 멈추었다.

그리고 침묵을 배우기 시작하였다.

성경은 다음과 같이 말씀하신다.

"아무든지 나를 따라오려거든 자기를 부인하고 자기 십자가를 지고 나를 쫓을 것이니라 누구든 제 목숨을 구원코자 하면 잃을 것이요 나를 위하여 제 목숨을 잃으면 찾으리라"(마 16:24-25)

그렇다, 우리도 언제인가는 매달려 죽을 죽음의 형틀인 우리의 십자가를 메고 가야 하는 것을…. 그러나 우리는 죽기가 무섭고 힘들어 그 형틀에 매달리기를 싫어하고 거부한다.

그리고 옛사람의 나를 지키느라 몸부림이다.

그러나 우리는 자기가 죽어야 할 자기십자가에 자기를 맡기고 자기를 포기한 후에야 다음 말씀의 깊은 곳까지를 음미하며 살아가게 된다.

"수고하고 무거운 짐 진 자들아 다 내게로 오라 내가 너희를 쉬게 하리라 나는 마음이 온유하고 겸손하니 나의 멍에를 메고 내게 배우라 그러면 너희 마음이 쉼을 얻으리니 이는 내 멍에는 쉽고 내짐은 가벼움이라 하시니라"(마 11:28-30)

지금도 때로는 힘들어하고 괴로워할 때면 주님께서 말씀하신다.

"이놈아 너는 내 안에서 이미 죽은 자니라. 내 안에서는 한번 죽지 두 번 죽지 않는단다. 힘을 내라." 라고 앞에서도 밝혔지만 내가 살아가면서 지금도 가장 행복한 때는 주님께서 나를 두고 "이놈아!" 라고 부르실 때이다.

그 속에는 주님의 모든 사랑이 다 녹아 있는 것 같아서이다.

천사들과 구름기둥

3개월째 접어들면서부터였다.

나는 분명 성전 안에 있는데 기도원 여기저기와 기도원 동산에 있는 천사들이 보였다.

또한 천사들이 탄 말은 하도 빨라 마치 바람을 타고 나는 듯 하였고 그들의 칼솜씨는 어떻게 민첩한지 눈이 부셨다.

그들의 복장은 영화에서 보는 수십 세기 전의 로마 병정의 옷과 흡사 하였고 투구와 허리에는 모두가 칼을 차고 있었으며 천마를 타고 휘두 르는 넓고 긴 칼은 그 크기가 우리의 키만큼 하였으며 멀리서 보아도 찬란한 은빛이 났다.

어느 날은 기도원 공동묘지 앞에서부터 수많은 깃발을 앞세우고 북쪽 을 향해 출정하는 모습은 그야 말로 장관이었다.

넋을 잃고 보고 있는데 "종아, 너를 지키는 방패이니라." 하셨다.

나는 갇힌 줄 알았고 어쩌면 버린 줄 알았는데 주님의 위로가 있고부 터는 그 절망 가운데서도 내일에 대한 소망이 싹트기 시작하였다.

그후에도 천사들의 모습은 기도원 여기 저기에서 계속 보였다.

특별히 잊을 수 없는 것은 어느 천사는 천마를 타고 기도원 광장을 나 르듯 가면서 꿈을 잃지 말고 꿈과 소망을 가지라는 것이었다.

그런데 그 일이 한 두 번이 아닌 하루에도 몇 번씩 반복되었다.

그후 지금까지 천사들은 나의 곁에서 나를 돕고 있음을 수시로 보여 주신다.

그리고 천사들이 내가 그 고난의 자리에 있을 때 신비한 방법으로 먹을 것을 주기도 하였고 때로는 나의 길을 인도하기도 하는가 하면 나의 병을 한순간에 치료하여 줄 때도 있었으며 지금도 나의 여행길에는 어김없이 나와 동행함을 보여 준다.

그리하여 어느 때는 내가 타고 있는 차를 말을 탄 천사가 앞에서 끌어 줄 때는 시속 100km가 넘는 경우에도 시골길을 한가롭게 가고 있는 마차의 속도감을 주곤 한다.

천사들의 활동을 지켜보며 그렇게 며칠이 지났다.

낮시간 성전에서 기도하는데 주님께서 갑자기 꿈같은 말씀을 하셨다.

"종아, 너는 나와 함께 미국으로 가자."

나는 당시 마귀의 참소를 많이 받고 있을 때여서 어쩌면 마귀의 미혹일지도 모른다는 생각에 침묵한 채 긴장하고 있었다.

그러나 자유에 대한 끝없는 갈망 속에서 살고있을 때여서 내 마음은 갑자기 평정을 잃기 시작하였다.

그리고 며칠이 지났다. 군데군데 남았던 춘설도 녹고 옷속에 스미는 꽃샘바람은 차도 봄기운이 완연한 어느 날 식당에서 점심식사를 하고 있을 때였다.

창문을 통해 멀리 보이는 기도원 입구 길목에서 젊은이 두 사람이 중장비와 함께 겨우내 패인 길을 보수하고 있었다.

그들의 자유와 땀이 그렇게 부러워 식사 중 내내 마음으로 울었다.

식사를 마치고 식당 문을 나서는데 주님께서 나의 시선을 성전위로 이끌어갔다.

"종아, 보아라."

거대한 구름기둥이 하늘을 향해 치솟고 있었다.

순간 광야의 구름기둥이 생각났다.

"종아, 내가 네게 주는 표증이니라."

자유하고 싶은 마음뿐이어서 왜 미국에 가야 하는지, 그리고 그 시기는 언제인지 묻지 못하였어도 가슴은 뛰고 심장은 고동쳤다.

자유란 무엇이기에 그토록 나의 마음을 설레게 하는 것이었을까?

그 벅찬 감동의 표증까지 주셨건만 그러나 시간이 지나면 또 의심이 오고 이성은 자꾸만 내게서 믿음을 앗아가려 애를 썼다.

그러나 주님은 수시로 당신의 사랑을 확인시키느라 같은 말씀을 되풀이 하셨다.

"종아, 나만 믿어라."

그로부터 약 8개월후 주님의 약속은 이루어져 1993년 10월 7일, 나는 브라질국적의 "바스피 항공사"여객기에 몸을 싣고 미지의 땅 미국을 향해 태평양 위를 가면서 기도하고 있었다.

"종아, 너는 나와 미국 가자."

그저 자유하고픈

마음뿐이어서

어떻게 왜냐고

묻지 못하였습니다.

그러나 내 마음 아시는 주님

"약속의 표증이니라."

거대한 구름 기둥이

성전 지붕에서

하늘로 치솟고 있었습니다.

가슴은 설레었고

심장은 고동쳤습니다.

그리고 주님 그 약속 이루시기까지

내게 믿음을 주시느라

애쓰시었습니다.

주님 감사합니다.

이 아픔 다하는 날

나 날개 되어

나르게 하소서

주님의 그 약속 이루시던

1993년 10월 7일

미국을 향해

태평양 위를 나는

비행기 안에서

나는 기도하고 있었습니다.

욥기를 읽었느냐?

"욥기를 읽었느냐?"

어느날 주님께서 또 물으셨다.

나는 대답도 못하고 침묵하고 있었다.

몇 독을 하였다는 생각은 들었어도 주님께서 물으시는 뜻은 그런 정도의 깊이를 묻는 것이 아닌 것 같아서였다.

주님의 물음에는 보다 깊은 뜻이 담겨져 있는 듯 하였다.

지금도 가끔 욥기를 읽을 때면 그때의 일이 생각나곤 한다.

그러나 지금도 그때의 나를 두고 아쉬워 하는 것은 당시의 나에게 욥기에 대한 깨달음이 지금 만큼만 있었어도 나는 그때 주님의 그 물으심에 그토록 고뇌하지는 않았을 것이다.

욥의 고난은 어찌 보면 수수께끼같은 것이어서 그 생애를 끝까지 지켜보면 때로는 우리에게 오는 아픔도 하나님의 인간에 대한 깊은 사랑의 한 모형임을 깨닫게 하는 위대한 교훈을 담고 있다.

그러나 어리석은 나여!

풀무질하는 그 고난속에서 시간이 지나면서 그 아픔속에 숨겨진 주님의 깊은 사랑을 조금씩 깨닫기까지 주님께서 나를 버리신 줄 알고 절망하던 나의 모습이 떠오를 때면 지금도 가슴이 아프다.

당시의 처절했던 나의 모습 때문이기도 하지만 주님의 끝없는 사랑에 대해 무지하였던 어리석은 나에 대한 연민 때문이다.

시편 119:71은 이렇게 말씀하고 있다.

"고난당한 것이 내게 유익이라 이로 인하여 내가 주의 율례를 배우게 되었나이다"

우리는 가끔 의문을 제기한다.

'왜 깨달음에는 아픔이 동반하는 것일까?' 라고 그러나 깨닫기 까지는 힘이 들어도 아픔이 없이는 주님의 사랑을 깨닫지 못하는 우리의 어리석음 때문이라는 사실이 깨달아질 때 우리는 고난 앞에서도 깊은 위로를 받는다.

우리가 성경을 통해서 배우는 교훈도 신앙 안에서 고난마다 의미 없는 고난은 없으며 하나님의 축복은 매양 고난 후의 것이었음을 선지자들의 삶을 통해서도 보여주신다.

그래서 나같이 어리석은 자도 지난날의 아픈 교훈 때문일까? 지금도 때로는 예기치 않는 힘든 자리에서도 잠잠한 중에 감사하려 애씀이….

고난은 어떤 의미에서 새로운 축복의 장을 여는 열쇠임을 깨달아서이다.

무지한 우리의 경험으로도 삶의 값진 교훈은 거의 웃음과 기쁨에서보다는 고통과 눈물을 통해 얻어짐을 본다.

기쁨과 즐거움은 인생의 깊은 곳 까지를 음미할 여유를 주지 않아도 고통과 눈물은 그것이 다할 때까지 살아온 날들을 돌아보는 기회이기도 하기 때문이다.

그러나 고통도 받아들이고 누리는 자의 인격과 신앙의 그릇에 따라 교훈의 약이 되기도 하고 또는 쓰디쓴 상처로 남기도 하여 어느 사람은 자신의 삶을 풍요롭게도 하고 어느 사람은 삶을 황폐하게 한다.

어느날 고난의 폭풍이 다가와 쓰디쓴 잔을 마실 수밖에 없었을 때 그 잔 앞에서도 감사할 수 있는 삶이야 누구나 누릴 수 있는 축복이 아니겠지만 그러나 우리는 언제쯤 그 축복의 자리에 이를 수 있을까?

욥은 자신의 삶을 통하여 그 모범을 우리에게 보여 주면서 어느 날 예고 없이 닥친 고난을 이렇게 받아들이고 있다.

"가로되 내가 모태에서 적신이 나왔사온즉 적신이 그리로 돌아 가올지라 주신 자도 여호와시오 취하신 자도 여호와시오니 여호와의 이름이 찬송을 받을 지니이다"(욥 1:21) 라고

그리고 소망이 다 지워진 듯한 폐허 위에서도 끝내 내일에 대한 소망

을 잃지 않고 그날의 고통이 보다 나은 미래의 약속임을 믿는다.

그리하여 그 확신에 찬 믿음의 고백은 이렇게 빛을 발한다.

"나의 가는 길을 오직 그가 아시리니 그가 나를 단련하신 후에는 내가 정금같이 나오리라"(욥 23:10)

그리고 지금까지 누리는 삶의 터전을 송두리째 할퀴고 간 그 아픔의 폐허 위에 하나님께서 새롭게 베푸시는 갑절의 축복을 누리며 그의 영혼의 깊은 데서 토해내는 욥의 진한 고백이 우리의 심금을 울린다.

"내가 주께 대하여 귀로만 듣기만 하였삽더니 이제는 눈으로 주를 뵈옵나이다"(욥 42:5)

밤은 사물에 대한 분별력까지도 잃게 하는 답답한 시간이어도 그러나 우리가 삶을 누리는데 밤 또한 없어서는 안될 시간이듯이 때로는 불청객처럼 다가오는 어둠과 고통의 시간에도 울지 말 것은 그 고통의 잔까지도 삶과 영혼을 윤택하게 하려는 하나님의 우리에 대한 사랑이심을 믿기 때문이다.

나 또한 그날의 아픔들로 내 영혼의 성장에 또 하나의 사랑의 마디를 남기고서야 "종아, 욥기를 읽어 보았느냐?" 주님께서 내게 물으시던 그 물음의 의미를 조금은 알 것 같다.

지옥의 피 잔치

사후의 세계를 낭만의 세계쯤으로 잘못 생각하는 사람도 있다.

그래서 일까? 어느 소설이나 영화의 주인공은 먼저 간 사랑하는 사람의 뒤를 따라 하나뿐인 자신의 소중한 목숨을 버리기도 한다.

이 땅에서 이루지 못한 사랑을 사후의 세계에서 이루고 누리기 위해서 라며….

그러나 꼭 소설이나 영화만이 그런 것은 아니다.

우리의 주위에서도 이와 비슷한 일들이 왕왕 있어 우리를 안타깝게 한다.

그러나 그것은 다름 아닌 마귀의 덫인 관념의 허상일 뿐이다.

사후의 저 세상이 이 땅에서 이루지 못하고 누리지 못한 꿈을 이루고 누리게 하는 낭만의 세계라면 얼마나 좋을까?

그러나 사람은 누구나 이 땅에서의 삶 끝에는 하나님의 심판을 받아야 하고 그 심판의 날에 알곡은 모아 곳간에 들이고 쭉정이는 꺼지지 않는 불이 태운다 하였다(눅 3:17).

믿음으로 구원에 이르는 하나님의 백성들이야 주님의 나라 천국에서 주님과 함께 영원히 누릴 그 영원한 축복을 어이 말로다 하리요 마는 그러나 하나님을 외면한 불신의 삶 때문에 쭉정이가 되어 지옥의 불에 던지움 받는다면 사정은 다르다.

성경은 지옥의 참상을 이렇게 말한다.

"거기는 구더기도 죽지 않고 불도 꺼지지 아니 하느니라 사람마다 불로서 소금치듯 함을 받으리라"(막 9:48-49)고 심신이 지쳐있는 어느 날이었다.

이미 밝혔듯이 그 많은 영적인 체험들 중에서 대다수 경우 지난 날 살아오면서 삶속에 흘리고 온 허물도 함께 보여 주셨는데 그 날도 예외는 아니셨다.

그리고 그날 본 지옥의 참상도 감내하기 힘든 장면이었다.

자식의 피를 빨고 타인의 피를 빨아 자신의 구복을 채우는 곳이 지옥이라면 믿을 수 있을까? 한낮의 시간 기도하고 있는데 주님은 나를 지옥의 어느 지점으로 이끌어갔다.

어느 지점에 집이 하나 있었는데 주님은 나로 하여금 그 건물 안으로 들어오게 하였다.

그런데 그곳은 다름 아닌 지옥의 영들이 사단 앞에 제사하는 제단이 있는 집이었다.

잠시 그 곳에 서있는데 하나 둘씩 들어선 지옥의 영들이 내 주위를 배회하기 시작하였다.

나는 두려워 떨면서 마음속으로 기도하고 있었다.

"주님, 저를 이곳에서 속히 나가게 하여 주옵소서."

그때였다. 또 한 여인이 딸을 데리고 제단이 있는 안으로 들어가고 함께 온 무리들도 하나 둘 여인의 뒤를 따라 들어갔다.

그리고 잠시후 지옥의 제사장이 주문을 외우는 소리가 들리더니 주문소리와 함께 어미에 끌려 들어간 딸의 처절한 비명소리가 들려왔다.

그 처절한 비명소리를 듣는 순간 나는 나의 심장이 멎는 줄 알았다.

그리고 한참 후 그것들이 하나 둘 나올 때보니 그것들의 입가에는 아직도 마르지 않은 선지피가 묻어 있었다.

한쪽 구석에서 떨고 있는 나를 보는 그들의 눈빛은 이렇게 말하고 있었다.

"다음은 네 차례다." 라고.

나의 심장은 얼어붙어 있었고 나의 두 다리는 굳어 있었다.

피를 빨린 딸이 힘없이 어미를 따라 나오자 다음 차례의 피를 빨릴 자가 힘없이 들어가고 있었다.

내가 절망하고 있을 때 한동안 침묵하고 계시던 주님의 음성이 들렸다.

"종아, 이제 이곳을 나가자."

나는 숨을 죽이며 그곳을 빠져 나왔다.

자유

우리의 환경과 일거수일투족 때로는 우리의 의지 까지도 간섭하시며 우리의 삶을 인도하시는 분이 있으시다. 그분은 바로 우리를 창조하신 우리의 주님이시다. 그런데 주님은 사랑의 주님 좋으신 하나님이시기에 우리는 더욱 놀랍고 기쁘지 않을 수 없다.

그래서 이 땅에서도 궁극의 승리는 선이요 정의일 수밖에 없다.

한 그루의 나무를 베어 필요하는 곳에 쓰기 위함의 과정도 그 필요에 따라 다양성은 있지만 나무에게는 베임의 아픔부터가 있어야 하고 그 나무를 필요로 하는 사람들에게는 다듬음의 수고와 땀이 있다.

나는 기도원에서 나의 영육이 겪어야 했던 그 극한의 상황에서도 우리 하나님은 사랑의 하나님 좋으신 하나님이심을 날마다 확인할 수 있었고 그리하여 나를 힘겹고 아프게 하심의 궁극의 목적 또한 사랑이심을 알 수 있었다.

그러기에 그 자리에서 나를 지키며 이김의 최선은 순종밖에 없음을 뼈저리게 깨닫게 되었다.

그리고 그 힘겨운 고통의 터널을 지나면서 깨달은 중요한 몇 가지가 있다면 인간의 최소한의 생물적인 본능의 욕구마저 차단되었을 때 인간의 품위를 지키게 하는 인격이나, 자긍심 같은 것은 하나의 허울일 수밖에 없다는 생각도 해보았고, 우리의 삶의 궁극의 목적은 우리 영혼에 대한 사랑이어야 하고, 우리 영혼에 대한 사랑은 다름 아닌 주님에 대한 우리의 순종임도 알 수 있었다.

1992년 12월 어느 날부터 시작된 나인 기도원에서의 생활 중 이듬해 3월에 접어들면서부터 주님은 때때로 나로 하여금 기도원을 떠날 준비를 하라는 암시를 하셨다.

그리하여 그로 인해 다가오는 또다른 긴장과 설레임을 감추느라 애쓰며 다가올 그 자유의 날을 대비 하였다.

그러던 중 나의 기도원 생활 중 처음부터 끝까지 나의 상담을 맡았던 신학교 선배이신 두 분 전도사님께서 어느 날 나의 귀가를 허락하셨다.

이제 나는 모든 것이 정상이니 집에 돌아가 그동안 허약해진 건강의 회복에 힘쓰라 하셨다.

나는 그 말을 듣는 순간, 꿈이 아닌가 의심하였다.

그러나 당시 나의 보호자 역할을 하던 아내의 생각은 다른 것 같았다.

아내는 나의 귀가에 대해서는 일언반구도 없이 집에 가서 몇 가지 반찬을 준비해 오겠노라 하며 당시 500원씩 하는 식권 10장을 나의 손에 쥐어 주고 집에 갔다.

아무래도 기도원에 더 머무르든가 아니면 다른 선택을 하려는 것이지 나로 하여금 집으로 돌아가게 할 것 같지가 않았다.

아침 일찍 아내가 집으로 간 후, 나는 즉시 기도원을 떠날 준비에 착수했다.

제일 먼저 화장실 벽 틈에 숨겨두었던 주민등록증을 챙기고 교역자 사무실 앞 기도굴 안에 숨겨 두었던 몇 천원의 돈도 챙겼다. 돈의 액수는 5천원권 1장과 1천원권 3장이었는데 너무 긴장한 탓에 5천원권 1장은 챙기지 못하고 그대로 나왔다.

그리고 식권 10장도 다른 분께 되팔았다.

그리고 남이 보면 목욕탕에 가는 것처럼 보이게 하기 위하여 수건과 비누 치약과 칫솔들을 챙겨 들었다.

그리고 기도원 정문을 향하여 걷기 시작했다.

기도원은 기도원을 둘러싼 장애물이 없다. 누구나 마음만 먹으면 정문이 아니어도 밖으로 나갈 수 있다.

그러나 주님은 어느날 나에게 "네가 이곳을 떠날 때도 정문을 통해 당당히 떠나야 할 것이다" 라고 말씀 하셨기에 나는 기도원에 있는 동안에 주님의 허락 없이는 기도원을 떠날 수 없었다.

그러나 정문을 통과하기까지의 그 몇 분은 왜 그리도 길었을까?

그 숨막혔던 몇 분의 긴장을 나는 지금도 잊을 수 없다.

나의 기도원 무단이탈을 눈치 채고 나의 나섬을 막거나 그로 인해 지금보다 더한 제재가 올지도 모른다는 긴장과 불안을 떨구지 못하고 기도원 정문을 향해 걷는 나에게 "종아, 나만 믿어라." 분명 내 손을 쥐고 계시는 주님의 체온을 감지할 수 있었고 분명 주님께서 나와 함께하심을 느낄 수 있었다.

몇분 후 기도원 정문을 통과하고 걷기 시작할 때 나의 마음과 심장은 더욱 뛰기 시작하였고 그러나 나는 그 같은 내적인 흥분을 억누르며 버스 정류장에서 버스를 타기까지 억제하느라 힘들었다.

그리고 주님은 그 때까지도 내가 가야할 목적지를 말씀하시지 않으셨기에 예측할 수 없는 내일에 대한 염려들이 또다시 나를 힘들게 하였으나 그러나 모처럼 누리는 자유였기에 가슴에 벅차오는 환희는 마음의 그 염려들까지도 지워 가고 있었다.

그러나 서울을 벗어나기 까지는 쫓기는 짐승 같은 긴장을 늦추지 못한 체 몇 번의 버스를 바꾸어 탄 후 창동역에 도착하여 열차 편으로 춘천까지 갔다.

제3장

주님의 손을 잡고

삶이 꼭 더불어 사는 것만은 아님을 깨닫기 시작했다.

지금까지의 내 삶의 여정에서 그때처럼 슬프고 고독한 시간은 없었던 것 같다.

당시의 나에게 나의 의지는 의미가 없었다.

잠시라도 주님의 손을 놓치면 죽을 수밖에 없었던 상황에서 뼈를 마르게 하는 공포감을 주체하지 못한 채 기도원을 벗어나 자유하기까지의 그 처절하였던 긴장의 시간들을 생각하면 지금도 가슴에 아픔을 느낀다.

주님도 우시던 밤

나에게 춘천은 낯선 도시였고 3월이 다 안간 춘천의 밤은 추웠다.

배가 고팠지만 그보다도 당장은 추위가 더 견디기 힘들었다.

우선 추위 때문에 나는 내일에 대한 대책도 없이 수중에 있는 몇 천원을 믿고 여인숙을 찾아갔다.

그러나 나의 수중에는 5천원밖에 없는데 숙박료는 8천원이라 하였다.

흐트러진 나의 모습 때문이었을까?

지닌 돈을 다 드린다 해도 싫다고 문을 닫았다.

돌아서서 걷다 말고 망연히 하늘을 보았다.

구름 사이로 별이 보였다. 그리고 어느새 나의 눈에는 뜨거운 눈물이 가득 찼다. 나는 다시 춘천역 대합실로 갔다.

의자에 앉아 하룻밤을 묵으리라 생각하고 구석진 의자에 쭈그리고 앉아 있는데 역무원이 오더니 대합실 문을 닫아야 하겠으니 나가 달라 하였다.

의자에서 하룻밤 묵기를 사정 하였으나 끝내 거절당했다.

참 이상한 곳도 있다 하였다.

역 대합실은 언제고 개방되는 줄 알았는데 춘천역은 아니었다.

역 대합실에서 쫓긴 나는 배회 끝에 역전 파출소로 들어갔다.

추운데 우선 몸을 녹이라고 전기난로에 불을 지펴주는 순경은 위아래로 나를 살피더니 이내 표정이 바뀌었다.

아무래도 나를 정상으로 보지 않는 눈치였다.

그러면서 하는 말이 순찰차가 오면 무료 숙박소로 보내줄 터이니 앉아 기다리라는 것이었다.

잠시후 밖에서 차 소리가 들렸다. 왠지 불안했다.

모처럼의 자유를 또 잃지나 않을지 불안을 떨쳐버릴 수가 없어 도망치듯 그곳을 나왔다.

한참을 걸었더니 또 파출소가 보였다.

내일 날이 밝으면 서울로 돌아가야 하는데 사정이 있어서 그러니 의자에서 앉아서 하룻밤을 보내게 해달라고 본의 아닌 거짓말로 사정을 하였으나 나의 사정은 허사였다.

또 걸었다.

"주님, 추워서 견딜 수가 없습니다." 울음 반 원망 반 이었다.

밤이 깊어 갈수록 체온은 식어 가는데 나는 갈 곳이 없어 별을 보며 울었다.

"주님, 저를 버리십니까?"

내 안에서 울부짖는 영혼의 울음소리가 나의 귀에도 들렸다.

그러자 한동안 침묵하시던 주님의 음성이 들렸다.

"종아, 나도 춥단다."

그 밤 같은 날 아픔을 나만 운 줄 알았는데 주님도 우시는 것을….

그 어떤 강한 힘이 나와 함께 하심을 느꼈지만 그러나 추위를 이기기는 힘이 들었다.

공중전화박스 안으로 들어가 보았다. 그러나 밑 부분이 약 5분의 일쯤은 벽이 없어 밖의 온도와 차이가 없었다.

또 걸었다. 어느 시장 앞에 이르렀다. 나중에 안 일이지만 춘천 중앙시장 이었다.

시장을 지키는 경비 아저씨가 비좁은 초소에서 경비를 서고 있었다.

잠시 들어가 몸을 녹여갈 수 없겠느냐고 사정 하였더니 불안한 눈치이면서도 보기에 딱해서였던지 허락하였다.

경비 초소 안에는 뜨거운 전기난로가 켜 있었다.

혼자 있기도 편찮은 자리에 불편한 불청객이 자리를 빼앗고 있으니 마음이 편할 리가 있겠는가 그 분은 이 핑계 저 핑계로 새벽 4시쯤 그곳 경비 초소에서 나오게 하였다.

그러나 지금도 때때로 그분을 생각하면 그분에 대한 뜨거운 감사가 깊은 곳으로부터 치밀어 온다.

그곳을 나온 나는 갔던 길을 되짚어 오면서 가면서 보아두었던 어느 교회 앞에 이르렀다.

새벽 예배 때문에 교회 문이 열리리라 생각하며 기다려도 너무 이른 시간이었던 것일까? 교회문은 열리지 않았다.

체온은 급격히 식어가고 있는데 이제는 감정에만 붙들려 울고만 있을 때가 아니었다.

어떻게 하든지 살아야만 한다는 생명에 대한 강한 애착이 불타기 시작하였다.

어느 건물 앞에 이르렀더니 2층에 있는 다방에 불이 켜 있었다.

"로림다방" 다방으로 오르는 계단에도 불이 켜져 있음이 벌써 영업을 시작한 모양이었다.

그러나 너무 이른 시간임을 의식하면서도 계단을 오르기 시작하였다.

그리고 문을 열고 들어서자 뜨거운 석유난로에서 내뿜는 뜨거운 열과 내음이 나의 몸을 한순간에 감쌌다.

그리고 주방에서는 아주머니 한 분이 분주히 영업을 준비하고 있었다.

나는 커피 한잔을 주문하고 뜨거운 난로 옆에 쓰러지듯 몸을 맡겼다.

잠시후 뜨거운 커피가 내 앞에 배달되고 아주머니는 내 앞자리에 앉으셨다.

얼마 만에 마셔보는 커피인가 밤새 차가운 공기만 들이키던 뱃속에 뜨거운 커피가 들어가자 생기가 돌았다.

그리고 한참의 침묵 끝에 두 사람의 대화가 있었다.

주방 일을 하시는 분인지 알았던 그 분은 다방 주인이었다.

나의 딱한 사정과 초라한 모습을 보고 외면할 수 없어서였을까?

나는 춘천에서 머무는 그 며칠 동안 지금도 내 가슴에 무거운 빚으로 남아 있는 뜨거운 사랑의 빚을 그분에게 지고 춘천을 떠났다.

몇 년이 지난 어느날 다시 찾았을 때는 주인은 바뀌었고 그분의 행방을 몰라 무거운 마음으로 돌아오던 날은 내내 마음이 무거워 울음 같은 하루였다.

3월이 다 안간
춘천의 밤은 추웠다.

체온은 식어 가는데
나는 갈 곳이 없어
별을 보며 울었다.

주님 저를 버리십니까?
"종아, 나도 춥단다."
주님도 우시는 것을

나여!
그 밤 같은 날 아픔들

내가 운 줄 알았어도….

속초의 첫날

춘천의 며칠도 꿈속 같은 생활이었다.

춘천에서 며칠을 머무는 동안 나는 어렵게 이틀을 건축현장에서 잡역부 일을 할 수 있었는데 자재를 나르는 첫 날이었다.

각목을 어깨에 메고 그것도 남들은 한번에 들을 수 있는 것들을 나는 두 번에 나누어 드는데도 나는 힘이 들었다.

일을 시작한지 한 시간쯤 나서였다.

콘크리트 받침목 하나를 메고 지하에서 계단을 올라섰는데 갑자기 두 다리에 힘이 빠지며 더는 걸을 수가 없었다.

콘크리트 받침목 하나를 메고 지하에서 계단을 올라섰는데 갑자기 두 다리에 힘이 빠지며 더는 걸을 수가 없었다.

나는 한동안 짐을 버리지도 못한 체 그대로 몸을 가누느라 애를 쓰면서 서 있었는데 한동안 침묵하시던 주님이 말씀하셨다.

"종아, 내가 있으니 힘을 내라."

주님은 말씀과 함께 금방 무릎이 겹칠 것만 같던 두 다리에 힘을 주셨다.

"주님, 고맙습니다."

다 마른 줄만 알았던 뜨거운 눈물이 두 볼을 타고 흘렀다.

어렵게 받은 그날의 노임의 십일조를 남춘천역 어느 조그만 한 교회를 통해 드렸다.

기도원을 나선 후 처음으로 드리는 십일조였다.

그런데 며칠간 춘천에서 생활하며 느낀 것은 춘천은 서울과 너무 가깝다는 생각이 들었다.

행여 나의 사정을 아는 사람이라도 만날까봐 마음이 불안했다.

또 한 일을 시킨 분들은 하루 일을 시켜보고는 마다 하였다.

당시의 나의 건강은 남이 드는 중량의 반도 들기가 힘든 형편이었으니 당연한 일이었다.

이틀 동안의 노임도 거의 바닥이 보이기 시작하는데 나는 다시 주님의 인도 속에 속초를 향해 떠났다.

일거수일투족을 주님께 의지하면서도 속초 또한 내게는 한번도 가보지 못한 미지의 땅이어서 불안하기만 했다.

굽이굽이 산길을 돌고 넘어 속초까지 가는 동안 나는 속초 생활에 대한 수많은 생각을 했다.

그러면서 속초는 항구도시이므로 고깃배를 타면 우선 식생활이 해결되리라는 생각을 하며 조금씩 위로를 받기도 하였다.

1993년 3월이 마지막 가는 날의 속초는 바람이 세차게 불었다.

속초에 도착하니 나의 호주머니에는 3천원과 동전 몇 개가 남아 있었다.

너무 배가 고파 대합실 매점에서 2백원을 주고 빵 하나를 사먹었다.

빵을 다 먹기가 바쁘게 식곤증은 무거운 피로를 몰고 왔다. 그러나 그대로 주저앉아 있을 수만 없어 불면 날아갈 듯 휘청거리는 몸을 이끌고 바닷가로 갔다.

그리고 고깃배들이 정박해 있는 곳에 이르러 배의 갑판에서 무엇인가를 손보고 있는 한 분을 붙잡고 물었다.

"아저씨, 배를 탈 수 있을까요?"

고깃배를 타본 경험이 있느냐고 물었다. 그러나 속일 수 없어서 사실대로 말하였더니 배를 타본 경험이 없는 분들과는 힘이 들어 함께 일하기를 싫어한다 하였다.

언제인가 신문에서 인력이 달려 선주들이 애를 먹는다는 기사를 읽은 적이 있는데 막상 현장에 와보니 사정은 달랐다.

끝없는 절망감이 견딜 수 없는 피로와 함께 몰려 왔다.

잠시라도 어디에 쓰러져 쉬고 싶은데 내게는 돈도 갈 곳도 없었다.

옆에 있는 다른 배로 갔다. 그리고 배에 있는 한 분을 붙들고 물었다.

그러나 똑같은 대답이었다.

나는 망연히 하늘을 보았다.

바람을 타고 구름은 북을 향해 가고 파도는 밀려와 부서지곤 하는데 무서운 고독이 나를 밟고 지나갔다.

이번에는 배에서 내려오는 한 분을 붙잡고 물었더니 의외로 친절한 모습으로 어느 분을 소개하면서 그 분을 찾아가는 길을 일러 주었다.

나는 지금도 그분의 그 포근했던 밝은 표정과 친절을 잊을 수가 없다.

그런데 이 글을 쓰기 시작한 어느 날, 기도중에 그 분이 천사였음을 알았다.

나는 그 천사가 일러준 대로 마치 꿈길을 가듯 걸어서 그 지점까지 갔다.

일러준 대로 바닷가에 연탄 공장이 보이고 연탄 공장 조금 못간 지점에서 식당 간판이 하나 보였다.

"진덕이 집"이라는 간판의 식당 문을 열고 들어갔다.

간판은 그대로여도 영업은 그만둔 지 오래인 듯 했다.

할아버지 한 분이 방안에 누워 계시다가 반쯤 일어나 나를 맞았다.

그 분은 선주들에게 일군들을 소개하는 고씨 성을 가진 분으로 그 지역에서는 많이 알려진 분인 듯 했다.

한참 동안 무어라고 말씀을 하시는데 무슨 뜻인지 잘 이해할 수가 없어도 무슨 사정이 있기에 그런 모습으로 이곳까지 왔느냐는 뜻인 듯 했다.

돈이 있느냐고 묻기에 있는 3천원도 숨긴 채 한 푼도 없다 하였다.

할아버지는 나를 데리고 옆집 식당으로 가서 밥 한상을 외상으로 사주셨다.

참으로 오랜만에 먹어보는 진수성찬이었다.

식사후 할아버지께서 나를 데리고 간 곳은 그리 멀지 않은 곳에 있는 허름한 판자집 이었다.

집이라기보다는 헌 판자로 바람막이 한 허술한 창고였다.

내 나이쯤 되어 보이는 분이 초라한 모습으로 누워 있다가 할아버지와 나를 맞았다.

이 분은 또 무슨 사연이 있기에 이런 곳에서 이토록 외롭게 지내는 것일까?

할아버지는 그 분에게 나를 하룻밤 재워줄 것을 부탁하고 내일 보자며 돌아가셨다.

둘이서 누우면 꽉 찰만한 공간에 버려도 안가져갈 허름한 이불이 깔려 있는데 이불에서 나는 쩌는 냄새가 코를 찔렀다.

나는 나가서 소주 한 병을 사다가 그분께 드렸다.

그분은 가족들에게 버림 받은 알코올 중독자였다. 내일에 대한 소망은커녕 탈진해 버린 삶, 그분은 날이 새면 쓰레기통을 뒤져 배를 채우고 술병에 몇 방울씩 남아 있는 바닥을 핥으며 알코올 중독을 이겨가고 있었다.

새로운 정착

"그러므로 내가 너희에게 이르노니 목숨을 위하여 무엇을 먹을까 무엇을 마실까 몸을 위하여 무엇을 입을까 염려하지 말라 목숨이 음식보다 중하지 아니하며 몸이 의복보다 중하지 아니 하냐 공중의 새를 보라 심지도 않고 거두지도 않고 창고에 모아들이지도 아니 하되 너희 천부께서 기르시나니 너희는 이것보다 더 귀하지 아니하냐"(마 6:25-26)

할아버지께서 다음날 나의 숙소를 마련하여 준 여인숙은 집이 낡아서 손님이 그리 많지 않은 허술한 구옥이었다.

방의 넓이는 한 사람이 누우면 꼭 맞는 그런 방이었는데 방 바로 옆에 재래식 연탄 보일러실이 있어 문을 닫고 있으면 안탄가스가 방에 차 평소에도 문을 조금씩 열어놓지 않으면 안되는 그런 방이었다.

신학원 졸업 후 그 때까지의 몇 개월이 분명 꿈은 아닌데 마치 꿈속을 걸어온 느낌이었고 그 몇 개월이 마치 천년이나 되는 느낌이었다.

또한 기도원을 떠나올 후 새로 맞은 매일의 환경 또한 하루하루가 생명을 부지하기 위한 극한의 투쟁이었다.

그러기에 때로는 생명을 포기해 버리고 싶은 유혹과 충동을 느낄 때도 있었다.

그 힘든 상황에서도 나를 지켜 주신 주님의 사랑과 그 수많은 기적을 체험하고도 나는 왜 그리도 약하였던지 그 때의 나의 모습이 부끄럽다.

그러나 주님의 사랑은 나의 생명을 끈질기게 붙들어 주셨다.

때로는 허기와 추위로 꺼져가는 나의 생명에 불을 지펴 주셨고, 처절한 절망이 나를 할퀴고 갈대마다 친히 손을 내미사 싸매시고 치료하시는 주님의 사랑을 하루에도 수없이 체험하며 살았었다.

그러나 하루는 분명 24시간인데 당시 나의 하루는 너무 길었고 날이 갈수록 고독이 무서웠다.

그러나 환경도 마음도 조금씩 안정을 찾기 시작하면서 가정에 전화라도 하여 나의 살아 있음이라도 알리고 싶었어도 주님은 그일 까지도 허락하지 않으셨다.

또한 그런 나의 생각도 잠시뿐 당시의 내게 닥친 일들이 인간의 의지로는 거역할 수 없는 주님의 뜻 안에서 이루어지고 있는 일들임을 믿으면서도 그러나 나의 건강함을 그토록 부르짖는 나의 외침과 몸부림에는 아예 외면한 체 나를 정신 이상자나 악령에 사로잡힌 자로만 대하는 가족들의 처사에 대한 원망이 나를 슬프게 하였다.

그러나 그 날에 겪는 그 고독과 고통까지도 언제인가는 주님께서 합력하여 기쁨의 열매로 승화시켜 주실 것을 확실히 믿었지만 그러나 그 날이 오기까지는 나는 또 언제까지 그 고독한 침묵의 길을 가야 할 것인가를 생각하면 괴로웠다.

어느 날은 길을 오고 가며 하루에도 몇 번씩 서울에서 온 관광버스를 만날 때가 있었다.

나는 그때마다 본능적으로 평소에 쓰고 다니던 작업모를 깊숙이 눌러 쓰고 나의 얼굴을 가리곤 하였다.

차 안에 행여 나를 아는 사람이라도 있지 않을까 해서 였다.

그렇게 살아가는 하루 하루가 꿈은 아닌데 어찌 보면 꿈만 같았고 그러나 돌아보면 살아온 하루가 예사로운 하루가 아님을 느낄 수 있었다.

기적 같은 일들이 너무 많았다.

4월의 속초는 바람이 많았다.

끝없는 동해를 마주보고 설악을 등진 도시 사계절 찾아오는 관광객으로 지난 날, 가난한 어촌이었던 이곳을 끝없이 소비만을 요구하는 첨단의 관광지로 만들어가고 있었다.

'주님은 왜 이곳으로 나를 인도 하셨을까?'

때로는 묻고 싶어도 그러나 어떤 대답을 주실 지가 무서워 함구 하였어도 깊은 뜻이 있음을 조금씩 깨달아 오기 시작하였다.

기도원에서 어느날 "종아, 너는 나와 38선을 넘어 이북으로 가자." 하시기에 나는 나로 하여금 38선을 넘어 북한 땅에 들어가 전도하라는 줄 알고 고민 하였는데, 그러나 속초를 향해 가는중 차 안에서 무심코 창밖을 내다보다 도로를 가로질러 선명하게 표시된 38선의 경계 표시를 보고서야 주님의 말씀의 뜻을 깨닫고 속으로 미소를 지었었다.

그러나 그 땅은 언제고 우리가 가서 복음을 전해야 할 조국의 반신이 아니던가, 그 날이 속히 오기를 기도하였다.

속초에 온 지 나흘째 되던 날, 용역회사를 통해 하루 품을 팔았다.

4만원 노임중 5천원은 수수료로 주고 3만5천원을 받았다.

꿈이 아니기를 바랐다. 마치 거대한 부를 손에 쥔 듯한 느낌이었다.

2백원이면 라면을 살 수 있었다. 하루 양식으로 라면 몇 개와 찬값을 더해도 1천원이면 되었다.

7백원 주고 고추장 한 봉지를 사면 며칠의 찬으로 족하였기 때문이었다.

그렇게 나는 며칠에 하루씩 일을 하며 생활을 꾸려갔다.

하루는 몇 층인가 높은데 올라가 여기저기 흘린 자재들을 아래로 내리는 일을 하라 하였다.

현기증 때문에 높은 곳에는 올라갈 수 없어 자신이 없다며 그만 돌아왔더니 그래서였을까?

한동안 일을 주지 않았다.

일거리를 못 얻고 그냥 돌아올 대마다 "주님, 감사합니다. 저의 몸이 허약한줄 아시는 주님께서 오늘도 숙소에서 쉬게 하여 주시니 감사합니다."

기도는 그렇게 하면서도 마음은 아팠다.

당시의 나의 생활은 수면시간을 제외하고는 쉼이란 거의 없었다.

현장에서 일하는 날은 일을 하면서도 끊임없이 기도하였다.

그러나 밖에서 일하는 날은 밥을 먹을 수 있는 날이었기에 그 한 가지 이유만으로도 기다려지는 날이었다. 숙소에 있는 동안은 주로 라면이 주식이었기 때문이었다.

하루는 현장에서 쓰고 남은 자재를 정리하느라 어깨에 메고 가는데 갑자기 온 몸이 힘이 빠지며 한걸음도 더 걸을 수가 없었다.

춘천에서도 같은 일을 경험한 일이 있었다.

곧 쓰러질 것만 같은 몸을 겨우 가누고 서있는데 주님의 세미한 음성이 들렸다.

"종아, 나를 보아라. 그래야 네가 살리라."

나는 어느새 세상의 염려에 사로잡혀 있는 나를 보고 부끄러웠다.

"주님, 어리석은 저를 용서하여 주십시오."

"나를 보아라. 그래야 네가 살리라. 네가 나를 보면 나도 너와 함께 하여도 나를 외면하면 너는 너 혼자 이니라."

그때 생각나는 말씀이 있었다.

"내가 너희를 고아와 같이 버려두지 아니하고 너희에게로 오리라 조금 있으면 세상은 다시 나를 보지 못할 터이로되 너희는 나를 보리니 이는 내가 살았고 너희도 살겠음이라 그날은 내가 아버지 안에 너희가 내 안에 내가 너희 안에 있는 것을 너희가 알리라"(요 14:18-20)

이런 아픈 날의 추억과 함께 속초는 지금도 내 마음의 고향 같은 곳이어서 나는 지금도 때때로 이 곳을 찾아 쉼을 얻곤 한다.

처음 와 본 낯선 땅

군중이 밟고 가는 거리에서

나 길을 몰라 울었습니다.

창에 비친 흰머리

나 인줄 알고서는

또 가버린 시간을 울었습니다.

좋아 울지 말고

눈물을 닦으려무나.

주님의 위로였습니다.

연탄가스

내가 거울속의 나를 보아도 차마 보기가 민망할 지경이었다.

얼굴빛은 흑색의 거의 검은 빛이었고 날씨는 화창한 봄이 왔는데도

나는 기도원을 나설 때의 그 무거운 겨울옷을 그대로 입고 있었다.

바꿔 입을 옷이 없어서 이기도 하였지만 당시의 나의 건강은 계절에

맞추어 옷을 바꿔 입을 만큼 실하지를 못하였다.

이런 나를 보고 여인숙 주인 아주머니는 늘 걱정이셨다.

얼마 전에는 내가 묵고 있는 바로 옆방에서 어느 행려병자가 병사 하였는데 떠도는 분이라 가족에게 연락이 안되어 시청 직원이 나와 장례를 치루었다 면서 왜 그런 몸으로 가정을 버리고 나와 혼자 고생하느냐 하면서 나를 보는 눈빛에 걱정이 태산이셨다.

나는 말없이 씁쓸히 웃기만 하였다.

집은 낡은 한옥이요 재래식 연탄보일러인데다 나의 방 바로 옆에는 연탄아궁이가 있어 방문을 닫고 있으면 연탄가스가 차기 때문에 몇 차례 말씀을 드렸으나 반응이 없었고 60이 넘은 아주머께서 가족도 없이 혼자 사시면서 영업을 하셨기에 더 말씀을 드리지 못하고 평소에도 조심하느라 방문을 조금씩 열어놓고 지냈는데 어느 날 새벽이었다.

깊은 잠에 취해 있는데 나를 깨우는 손길이 있었다.

예감이 이상해 급히 일어나 불을 켜고 보니 방안에 연탄가스가 자욱했고 조금 열려있어야 할 창문이 닫혀 있었다.

나는 쓰러져 있거나 죽어 있어야 했을 터인데 나의 몸에서는 아무 이상도 느낄 수 없었다.

나는 누구이기에 나 같은 것이 무엇이길래 만유를 지으신 창조주께서 주무시지도 않으시고 나의 잠자리를 지키시며 죽음의 사자가 나를 해하려 할 때 나를 지키셨단 말인가?

내 걸어온 길을 돌아보더라도 나는 이미 몇 번이고 죽었어야 할 내가 아니던가?

그때 주님의 음성이 들렸다.

"종아, 문을 열고 환기해라. 이 밤도 나는 너를 지켰단다."

주님의 사랑에 목이 매여 뜨거운 눈물이 뺨을 타고 흘렀다.

그렇게 주님은 그 밤도 나의 곁에서 나의 생명을 지키고 계셨다.

그리고 며칠이 지난 어느 날 똑같은 체험을 또 하였다.

그동안 수많은 위기 가운데서 나를 지키신 주님 단 1초의 생명도 주님의 도움없이는 불가능함을 깨닫게 했다.

빛으로 오신 주님

신학원 졸업과 함께 고통의 터널을 지나오는 동안 나는 예비하시는 하나님에 대해 매일의 삶의 현장에서 뜨겁게 체험할 수 있었다.

주님의 약속을 때로는 이성은 거부해도 믿고 순종하면 그 꿈같은 일들이 하나 하나 이루어 주심을 보면서 감격하곤 하였다.

또한 때로는 시험이 올 때 피할 길도 주시는 주님은 환난 날에 우리의 피난처가 되심도 깨닫게 하셨다. 속초에서 20일쯤 되는 날이었다.

주님은 나의 가정을 위해 육백 시간의 기도를 하라 명하셨다.

나의 마음은 가족에 대한 원망으로 가득 차 있는데 그러나 그 감정을 뛰어 넘어 가족을 위하여 기도하라니.

그토록 지쳐 있는 나에게 주님의 명령은 가혹하다는 생각이 잠시 스치고 지나갔으나 그러나 기도하다 힘이 진하면 죽으리라는 뜨거운 결심이 어느새 나의 마음을 사로잡았다.

나는 즉시 무릎을 꿇고 기도하기 시작하였다. 기도를 시작한지 10분도 안되어서였다.

주님은 나의 기도를 멈추라 하셨다.

마귀의 유혹일지도 모른다는 생각에 망설이다가 기도를 멈추고 숨을 죽이고 있을 때였다.

"종아, 나는 중심을 보느니라."

그 한순간의 결심만으로도 그 긴 시간의 기도를 받으신 양 하시는 주님의 사랑에 감격하며 허리를 펴며 눈을 뜨려하는데 찬란한 빛이 방안 가득히 넘치고 있었다.

"종아, 눈을 뜨지 마라."

뜨려던 눈을 다시 감았다.

그 때였다. 형언할 수 없는 감미로운 천국의 음악이 들려오기 시작하였다.

방바닥에 엎어져 그대로 천국의 음악에 취해 있을 때였다.

그 신비한 음악과 함께 주님이 말씀하였다.

"사랑하는 아들아, 내 영혼이 잘됨 같이 네가 범사에 잘되고 강건하기를 내가 원하노라"

요한삼서 1:2 말씀으로 나를 위로하고 축복하셨다.

주님은 지금도 거의 하루도 빠짐없이 이 말씀으로 나를 위로하시고 축복하신다. 나는 누구일까?

그리고 나같은 것이 무엇이길래 주님은 이토록 사랑하시는 것일까?

나는 지금도 가끔 감격을 이기지 못하고 "주님, 저 같은 것을 왜 이토록 사랑하십니까?" 라고 물을 때가 있다.

주님은 똑같은 대답을 하신다.

"종아, 내가 애초에 너를 그렇게 창조하였단다." 라고 꿈이 아님이 감격 스럽다.

어느 날이었다

아들아 기도해라

방 한복판에서

무릎을 꿇었다.

어쩌다 눈을 떴다

찬란한 빛이

방안에 넘쳤고

천국의 음악이 들려왔다.

아들아 눈을 감아라

아,

그날의

환희여 평안이여.

세탁물 수축 방지제

속초에 온지 한달쯤 되어서였다. 주님께서 무엇인가를 만들게 하셨다. 그러나 그 제품을 만들면서도 어디에 사용할 제품인지에 대해 전혀 몰랐다.

그리고 그것을 플라스틱 용기에 담아 방 한구석에 보관하였다. 그리고 며칠후 미국갈 때 입으리라 마음먹고 그동안 조금씩 모아두었던 돈으로 바지를 맞추어 양복점에서 찾아오는 날이었다.

그 바지를 얼마전에 만들어주신 그 제품을 한 대야의 물에 소량을 희석한후 그 물에다 바지를 다시한번 세탁하라 하셨다. 뜻밖의 일이었다. 그러나 주님께서 시키시는 일이기에 순종할 수 밖에 없었다.

울이나 실크로 만든 옷은 물에 세탁하면 버린다는 것을 알고 있었기에 울이 많이 섞인 천의 바지를 물에 빨아 옥상에 널고 온 그 날은 종일 힘든 하루였다.

'주님은 왜 이런 일을 나에게 시키시는 것일까?' 의문 반 체념 반의 하루가 가고 다음날 옥상으로 갔다. 그런데 이상했다. 줄어들고 구겨져 있을 것이라 생각했는데 기우는 헛것이었다. 바지는 양복점에서 찾아올 때의 그대로였다. 갑자기 평온하던 나의 가슴이 뛰기 시작하였다.

그때 주님께서 말씀하셨다.

"나는 나의 종들 만이라도 나의 앞에서 기름 냄새를 풍기지 말았으면 한다." 라고 왜 이 제품이 필요한가를 깨닫게 하시는 말씀 이셨다.

옷에 기름이 묻으면 물에 빨아 지우고 입는 것이 상식일진대 불결한 기름에 저린 옷을 마치 세탁한 것인양 생각하는 우리의 어리석음을 깨닫게 하시었다.

창조의 영역까지 넘보는 진보된 시대에 살면서도 어느 세탁물은 깨끗한 물에 세탁할 수 없다니 떠돌고 방자해도 인간의 지혜가 얼마나 초라한가를 깨닫게 한다. 그리고 몇 년후 "세탁물 수축 방지제"란 제품명으로 발명 특허를 받았다. 그리고 여의도에 사무실을 개설하고 판매를 시작하였다. 홍수처럼 팔리라 믿었는데 결과는 예상 외로 부진하였다.

그리고 어느날 지방의 한 대리점에서 상당량의 반품이 있었다. 있어서는 안될 기능의 하자가 있었기 때문이었다. 주님께서 판매를 멈추라 하셨다. 그리고 기능이 확실한 제품을 허락할 때까지 기다리라 하셨다.

그리고 여기까지 오는 동안 십수년의 긴 시간은 실로 힘들고 고독하였다. 때로는 노숙의 어려움속에서 추위와 주림과 싸워야 하였고 칼끝처럼 아프게 하는 조소와 핍박도 이기어야 했다. 그러나 그속에서도 주님이 주시는 발명의 끈을 놓치지 않으려고 몸부침렸다.

　과정은 더디고 힘들었어도 주님은 여러 가지 방법으로 나를 위로하시며 오늘이 있기까지 나를 인도하셨다.

　나의 지혜나 의지는 무위하였던 그 힘들었던 시간들 속에서도 때로는 나의 옛사람이 죽지 않고 머리들고 일어서려 할때면 더 힘들고 슬펐다.

　주님으로 사는 삶

　이랑에 뿌린씨가 싹이남을 믿음같이
　주님께 나의삶 맡겼습니다.
　무엇을 하려는 생각도 하려함도 였습니다.
　나를 버린 우매인듯이어도
　이진리 터득 쉽지 않았습니다.
　주님께서 빚으신후
　주님의 호흡이 나임을 알아서입니다.

대답대신 울었습니다.

기도원에서 몇 개월 힘든 길을 가고 있을 때였다.

어느날 설교하시는 강사께서 설교 중에 이런 말씀을 하였다.

19세기 영국의 어느 목사님은 평생 주님과 대화하며 신앙생활을 하다 천국에 가셨다고 그 설교를 들을 때 나는 이런 생각을 하며 갈등 하였다.

그런 특별한 분들만 주님의 음성을 듣고 주님과 대화한다면 그럼 지금 나에게 말씀하시는 이분은 누구란 말인가?

그때 내 안에 계신 주님께서 이렇게 말씀하셨다.

"아들아, 너는 나를 보면서도 또 믿지 못하느냐?"

십자가를 메고 골고다를 향해 가시는 주님의 모습을 마음의 눈을 통해 또 보여 주셨다.

지금 생각하면 내가 주님의 음성을 처음 들을 때는 여의도순복음교회에 출석한지 2년이 다 되어가는 어느 가을의 새벽이었음을 천장에서도 밝힌 바 있다.

그리고 신학원 졸업반이던 4학년 하기 방학중 20일 금식기도 후부터 나의 영적인 세계에는 보다 심오한 체험들이 뒤따르기 시작하였다.

그리하여 어떤 때는 내 혼 적인 의지는 전혀 힘을 잃고 그 어떤 타의에 의해 살아가고 있음을 나의 이성으로도 감지할 수 있었다.

그리고 졸업후 며칠이 지난 어느 날부터 최자실 기념 금식기도원에 옮겨져 죽음의 터널을 통과하면서부터 성령으로 오셔서 내 안에 내주하시는 주님과 필설로 다할 수 없는 깊은 사랑의 도움속에서 살아오고 있었다.

그때부터 주님은 나의 일상의 지극히 작은 부분까지에도 세심한 관심으로 대해 주셨고 그리고 그런 일들에 영감의 차원을 넘어 직접 말씀으로 대해 주셨기 때문에 속초의 생활이 시작되었을 쯤에는 주님과의 깊은 교제에 대해 갈등하거나 의심하지 않았으나 그러나 주님은 가끔 나에게 힘든 질문을 하곤 하셨다.

속초 생활이 2개월쯤 되었을 때인 것 같다.

아침 이른 시간 인적이 드문 한적한 길목을 걸으며 주님께서 주시는 말씀을 듣고 있을 때였다.

주님께서 말씀 중 내게 물으셨다.

"종아, 나를 사랑하느냐?"

그러나 나는 주님의 그 물으심에 대답할 자신이 없었다.

아무리 생각해도 나의 삶은 나 자신을 위한 몸부림들이요, 나 자신에 대한 연민이지 주님에 대한 사랑이라 하기에는 너무 부끄러워서였다.

그래서 대답을 못하고 그저 울기만 하였다.

그리고 그 울음과 함께 생각나는 일이 있었다.

부활 후 갈릴리 호숫가에서 밤새 지친 제자들에게 빵과 생선을 먹이

시며 베드로에게 세 번이나 "요한의 아들 시몬아 네가 나를 사랑하느
냐?"고 물으실때 괴로워하며 대답하는 베드로가

인적이 드문 길목
주님과 걸으며

사랑의 밀어
끝이 없었습니다.

"종아, 나를 사랑하느냐?"
대답대신 울었습니다.

성령님의 웃음

그 힘든 시간들 속에서도 주님은 때때로 나에게 기쁨의 시간을 허락
하시어 나를 위로하시므로 나로 하여금 실망하거나 지치지 않도록 배
려하셨고 나의 범사에 당신께서 함께 하시고 계심을 확인시킴으로 나
를 위로하시고 안심시켰다.

수십 년만의 더위로 몸살을 앓던 그 해 1993년 8월 어느 날, 나는 아
침부터 신학교 졸업 후 그동안 걸어온 몇 개월의 시간들을 돌아보며 울

고 있었다.

1년도 안되는 불과 몇 개월이 마치 아득한 시간처럼 느껴졌다.

"나는 언제쯤 자유로운 가운데 생활할 수 있을까?"

울다 말고 여인숙 복도의 벽에 걸린 시계가 정오를 가리키고 있는 것을 보고 기도하기 시작하였다.

그리고 기도를 마치고 일어나면서 나는 2시간 정도 기도한 느낌이었다.

그런데 여인숙 복도에는 불이 켜져 있었고 시계는 7시를 가리키고 있었다.

"그럼 7시간 기도했다는 말인가?"

내가 의아해 하고 있을 때였다.

내 안에서 껄껄 웃으시는 주님의 웃음소리가 들려왔다.

그리고 말씀하셨다.

"이 사람아, 하늘나라는 하루가 천 년 같고 천 년이 하루 같다는 성경 말씀을 읽지 않았는가?"

주님께서 저를 부르실 때의 여러 가지 대명사가 있었지만 "이 사람아" 라고 부르시기는 그 때가 처음이셨다.

나도 모처럼 미소를 지으며 주님의 사랑에 위로를 받았다.

그리고 또 며칠이 지나서였다.

낮시간 기도를 마치고 그날도 2시간쯤 기도 하였으리라 생각하고 시계를 보았더니 기도 시간은 겨우 20분이었다.

"사랑하는 자들아 주께서는 하루가 천 년 같고 천 년이 하루 같은 이 한 가지를 잊지 말라"(벧후 3:8)

방언 통역 은사

사모하던 방언을 선물로 받던 날의 감격을 바람으로 오신 성령님의 단원에서 이미 밝혔다.

이제는 방언은사를 받은 후 10년간 줄기차게 사모하던 방언 통역의 은사를 받던 날의 감격을 쓰려 한다.

그간의 힘겨운 길을 걸어오면서 깊이 깨달은 것들이 많다.

그중에 하나가 주님께서 우리에게 심어 주신 꿈은 믿고 중단 없이 기도하면 시간과 관계없이 언제가는 꼭 이루어 주신다는 것이다. 내가 방언의 은사를 받고 방언 통역의 은사를 받기까지는 또 10년을 인내하며 기도해야 했다.

너무 오래토록 그 일이 이루어지지 않았을 때 '나에게는 통역의 은사는 주시지 않으려나 보다.' 하고 좌절 끝에 한동안 기도를 멈출 때도 있었다.

우리가 간과해서는 안될 우리의 신앙의 허점은 바로 이런 곳에 있다는 사실도 깨닫는다.

성경은 우리에게 쉬지 말고 기도하라 하였는데(살전 5:17) 우리는 때로는 이성을 앞세운 잘못된 판단으로 너무 일찍 포기할 때가 있다. 1993년 속초에서 약 4개월 동안 싸구려 여인숙에서 생활하였기에 남에게 제약을 받지 않는 바닷가는 나의 좋은 기도처 였다.

비자를 발급받고도 경제적인 사정 때문에 미국에 가는 일을 미루고 세 번 째 속초에 들려 약 1개월쯤 있을 때였다.

한여름의 무더위가 한풀 꺾이고 아침저녁으로 제법 서늘한 바람이 부는 9월로 접어든 어느 날 밤 이었다.

나는 바닷가를 거닐며 기도하고 있었다. 그런데 방언 기도 중 내게는 처음인 유창한 중국어 방언이 나왔다.

그러나 그 시간은 길지 않았다.

다시 방언이 바뀌었는데 그 방언도 평소에 내가 하던 방언이 아니었다.

그리고 그때부터 방언은 구체적으로 통역이 되면서 바다의 수면위로 흰옷 입은 구름떼 같은 군중이 보이기 시작하더니 시간이 갈수록 환상은 뚜렷해지기 시작하였다.

그런데 그 날의 환상은 내가 신학원을 등록하기 1년전 오산리 "최자실 금식 기도원"에서 기도할 때 본 환상과 비슷하였다.

나는 그날 밤도 그때 기도원에서처럼 수면위로 보이는 백의의 구름떼

같은 군중을 향해 손을 흔들며 군중의 환호에 답했다.

잊을 수 없는 감동의 시간이었다.

그리고 통역의 은사를 받고 깨닫는 비밀 또한 크다.

내가 통역의 은사를 받기 전까지는 나는 방언은 모두가 기도인줄 만 알았다. 그러나 통역의 은사를 받고서야 안 것은 방언 속에는 기도는 물론 예언도 있고 주님께서 내게 직접 주시는 말씀도 있으며 설교도 있음을 알았다.

나의 뒷자리에 앉아서 부지런히 방언기도 하시는 한 중년 부인이 있었다. 그런데 전혀 알지 못하는 그분이 나의 이름을 불러가며 나를 위한 중보기도를 하는 것이 아닌가? 그 밤에 받은 충격과 감동은 지금도 식지 않은 그대로다.

나 또한 때로는 길을 가면서도 평소에는 별로 관심 없이 살아 왔던 분들을 위해 간절히 기도하게 하심을 볼 때 우리의 의지로 드리는 기도가 아닌 성령께서 우리의 영으로 하여금 기도하게 하는 방언 기도는 우리의 상식을 뛰어넘는 폭넓은 기도임을 깨닫게 한다.

나는 수면 중에도 방언으로 기도할 때가 있는데 1993년이 아닌가 생각한다.

독립문 부근에 있는 "세란병원"에서 담석 제거 수술을 받고 며칠동안 입원중일 때 였다.

강도사의 신분으로 교회의 부교역자로 사역하던 분이 하나님의 일을 중단하고 세상에서 방황하다 고통중에 자살을 결심하고 농약을 마신 분이 나와 같은 병실에서 독극물 제거 치료를 받고 있었는데 자면서도 주님께 드리는 나의 방언 기도에 감명을 받고 회개하며 수면 중에도 쉬지 않는 나의 기도에 감동을 받았노라 하며 이제는 다시 주님께 돌아가겠노라고 하시던 그분을 잊을 수 없다.

"세상에 소리의 종류가 이같이 많되 뜻없는 소리가 없나니 그러므로 내가 그 소리의 뜻을 알지 못하면 내가 말하는 자에게 야만이 되리니 그러면 너희도 신령한 것을 사모하는 자인즉 교회의 덕을 세우기 위하여 풍성하기를 구하라 그러므로 방언을 말하는 자는 통역하기를 기도할지니"(고전 14:10-12)

사색의 날들

40의 문턱까지 고독과 싸우며 힘든 길을 오는 동안 허다한 쓴잔들을 마셔야 했다. 그리고 신학원 졸업과 함께 필설로 다할 수 없는 고난의 터널을 지나면서부터 죽고싶을 때 죽음의 선택도 내 의지만으로는 불가능함을 깨닫고부터 삶은 내 의지의 행사만이 아닌 의지를 뛰어넘은 힘에 의해서임을 깨닫기 시작하였다.

그 힘은 바로 하나님이셨다. 졸업과 함께 기도원에 간후 어느날부터 주님과의 수많은 대화가 시작되었다. 그러나 그 상황은 대화라기 보다는 주님의 말씀을 듣고 있었다는 표현이 옳을 것 같다.

아, 힘들고 죽고 싶었다. 잠시도 단절없이 계속되는 주님의 말씀에 내 영육은 지쳐 있었다. 그러나 인내하며 침묵할 수밖에 없었던 그 시간들 속에서 깊은 사색의 훈련과 내 영육에 부어주시는 심오한 자양분을 공급받으며 더디게나마 나를 다듬노라 애썼다.

어느날의 기억이 새롭다. 어느 날은 속초의 바닷가에서 멀리보이는 고깃배들을 보면서 여러 가지 상념에 잠겨 있을 때였다.

주님께서 말씀하셨다. "종아, 내가 이 지구와 바다도 만들었단다." 라고 왜 새삼스러이 이런 말씀을 하실까 하고 의아해 하고 있을 때 주님은 그 의문에 답을 주셨다. 그러니 너의 삶도 내가 책임지고도 남음이 있는 능력의 하나님이시니 주님만 믿고 의지하라는 뜻이었다.

우리는 전능하신 하나님에 대해 너무 무지하다. 그리고 그분에 대한 신뢰가 너무 적음을 보고 놀라지 않을 수 없다.

전지전능 무소부재하신 하나님께서 무엇인들 불가능한 일이 있을까? 그런데 그분이 사랑의 분이시라는데 우리의 위로는 더욱 크다.

나는 지금도 가끔 속초를 찾는다. 그리하여 힘들었던 날들, 주님과 함께 걸었던 그 길들을 다시 걷기도 한다.

그리고 이제야 그 날의 아픔들이 주시는 유익을 조금씩 깨닫고 있지만 우리가 조금만 더 허리를 굽히고 나를 낮추면 주님의 만지심을 알고 나의 나뜀이 모두가 주님의 사랑임을 깨닫게 되고 주님의 음성도 들을 수 있어 주님의 다스림에 순종할 수 있겠거늘 우리의 오만이 이를 막음을 몰라서이다.

우리는 때로는 밖에서 오는 적만이 우리의 적인 양 착각할 때가 있다.

그러나 우리의 생명을 앗아가는 죽음의 시작이 때로는 현미경에도 자기 정체를 드러내기 싫어하는 병균에서부터임을 알지 못한다.

그리고 그것들이 자리하게 하는 상당의 원인이 우리의 병든 사고와 언어가 그 시작임도 알지 못해서이다.

우리가 주님의 말씀에 조금만 관심을 갖고 귀를 기울여도 우리는 왜 그리스도인에서 꿈이 필요하며 그 꿈이 나래를 펼 수 있도록 하는 창조적인 언어가 필요하며 그것들에 어울리는 삶의 모습이 필요한가를 깨닫게 된다.

지금도 힘들었던 그 날들을 돌아보며 소망하는 것은 그 날에 흘렸던 땀과 눈물이 헛되지 않아 나의 미래에 아름다운 열매로 결실하기를 소망한다.

나의 힘들었던 날에 기도의 자리였던 속초의 바닷가 오늘도 파도는 쉼이 없이 밀려와 하얀 물보라로 부서지리라.

파도

너의 몸짓의 시작은

어디서부터 일까

산맥처럼 밀려와서

하얗게 부서지는 너

때로는 불타는 태양을 이고

어느 날은 표효하는 광풍을 안고

칠흑의 밤에도 쉼이 없이 달려와

통곡처럼 부서져라

지구의 종말까지

오늘도 쉼을 모르는

구능 같은 너의 몸짓이여

하얀 물보라로

끝없는 너의 신화여

수억 년 너의 몸짓에 씻긴 바위에

오늘도 쉼이 없는

거대한 네 몸짓의 반복

오늘도 밀려와

파도는 부서지네.

자유의 날개를 타고

속초에 온지 두 달이 다 되어 가는 어느 날 속초 시청 앞 어느 여행사를 찾아 갔다.

미국 비자에 대해 알아보기 위해서였다. 지금은 무비자의 입국이 가능하지만 당시는 미국 비자를 받는 데는 상당한 제약이 따랐고 당시의 나의 형편으로는 어렵게 느껴졌다.

그러나 미국은 내 의지로 가는 것이 아닌 주님의 뜻이었기에 그 일이 이루어지리라는 점에는 의심치 않았다.

그러나 여러 가지 마음의 부담을 지우지 못한 체 며칠 후 서울로 왔다.

혹 아는 사람들의 눈에라도 띄지 않으려고 밤 시간에 맞추어 서울에 도착하였는데 서울에는 비가 오고 있었다.

신촌의 어느 허술한 여관에서 하룻밤을 묵고 다음날 아침 이른 시간 고등학교 친구인 "고광덕" 사장에게 전화를 하였더니 약속한 장소까지 한걸음에 나와 주었다.

그리고 자기도 중학교 재학시절 자신은 정신적으로 아무 이상이 없는

데도 정신이상자라 하며 강제로 치료를 받았다고 하였다.

처음 듣는 말이었다.

그러면서 나를 자기에게 보낸 것은 아무래도 주님의 뜻인 듯 하니 안심하라는 것이었다.

친구의 그 한마디는 고민하고 근심하며 서울까지 오는 동안의 피로가 한순간에 지워지는 것 같았다.

그리고 또 한 친구인 "구재방"사장에게 연락하여 우리는 세 사람이 만났고 두 친구의 도움으로 나는 우선 거처할 곳을 마련했다.

그리고 미국 로스앤젤레스에서 목회하는 "김광희" 목사에게도 전화를 하였다.

김목사는 나의 출국에 도움이 된다면 자신이 직접 한번 다녀가겠노라 하였다. 그러나 "고광덕"사장의 대학 후배가 여행사 사장이었기에 나의 일은 잘 진행되었고 당시로는 가장 긴 5년의 비자도 발급 받았다.

친구들도 기뻐하는 중에 "구재방"친구가 미국까지 갈 수 있는 항공요금을 주었다.

그래서 나는 그 길로 미국에 갈 수 있었는데도 미국에 가지 않고 다시 속초로 갔다.

생각인즉 속초에 잠시 머물면서 돈을 좀 더 준비하여 왕복 항공권을 준비하려는 뜻에서였다.

내가 미국에 가겠다고 하니 주위 몇 분의 말이 미국 여행이 처음인 사람은 왕복 항공권을 가지고 가야 입국 수속이 쉽다고 하였기 때문이었다.

그러나 주님의 뜻은 다른 곳에 계셨음을 며칠 후 알게 되었다.

그것은 다름 아닌 방언 통역의 은사였다.

주님은 나의 10년의 기도에 응답을 주시기 위해서 나를 다시 속초로 인도하신 것이었다.

그러기에 주님의 목적과는 무관한 돈은 마련할 수 없었고 돈을 더 준비해 보겠다는 나의 계획은 무산되었다.

현장에서 일을 하다 발목을 다쳐 한동안 더는 일을 할 수 없어서였다.

서울로 다시 왔다. 그리고 다음날 아침 기도하는데 주님께서 "이덕래"씨를 찾으라 하셨다.

나는 주님의 말씀대로 아침식사후 "건설협회 서울지부"에 근무하는 그분을 찾아갔다.

그 분은 내가 찾아간 목적이 돈 때문임을 알고 얼마나 필요하냐고 물었다.

나는 20만원만 더 있으면 되겠다 하였더니 지금 부산 출장비 20만원을 받아가지고 나오는 길이라며 방금 받은 10만원짜리 수표 2장을 내 앞에 내밀었다.

여호와이레 예비하시는 주님의 사랑을 다시한번 체험하며 감격했다.

나는 그 길로 서울시청 옆에 소재한 "용마 여행사"에 찾아가 주 2회

서울에서 미국 LA를 경유하여 브라질까지 운항하는 브라질 국적 "바스피 항공사"의 항공권을 매입하고 남은 돈을 숙소에서 가까운 광명시 외한은행에 들려 환전했다.

모두 합해야 10불짜리 9장, 그러나 그 90불은 평소의 9억보다 더 소중히 지갑에 넣었다.

그리고 다음날인 1993년 10월 7일, 태평양을 나는 보잉747 여객기는 자유의 날개처럼 하늘을 날고 있었다. 여자 승무원이 다가와 마실 것을 주문했으며 잠시 후 한 잔의 음료수가 내 앞에 놓였다.

그리고 나는 가벼운 기도 후 목을 적셨다.
영육의 무한한 풍요가 나를 품었다.

"주님, 감사합니다. 이 아픔 다하는 날,
나 날개 되어 날으게 하소서."

뜨거운 눈물이 불을 타고 흘렀다.
봄이 오기까지 겨울이 그렇듯이
동이 트기까지 밤은 추웠습니다.

그러나 침묵만이 나를 지키는

힘이었기에

안으로만 삼켰던 눈물

통곡은 가슴속에서만

메아리쳤습니다.

이제 생명이 무성한 길을 가며

아픔도 생명의 잉태를 위한

주님의 사랑이었음을

깨닫습니다.

제4장

새로운 도전

　나는 그 당시 그 고난들을 통하여 나 자신의 그리스도 안에서의 존귀함에 대해 깨닫기 시작하였다.

　나의 죄 값으로 하나님의 아들 예수께서 십자가 위해서 피 흘려 죽으셨다는 아무리 생각해 보아도 내 이성으로는 감당할 수 없는 하나님의 그 사랑이 때로는 나를 힘들게 하면서도 그러나 시간이 지날수록 그로 인해 나의 존재에 대한 확신이 자리하기 시작하였고 그러므로 그 고난 후에는 결코 빛나는 내일이 나를 기다리고 있을 것이라는 산같은 믿음이 당시의 나를 지키는데 큰 도움이 되었다. 그러므로 주님의 허락 없이는 세상의 그 어떤 힘으로도 나의 머리털 하나도 해함을 받지 않는다는 믿음이 함께 하였다.

　그러나 그런 중에도 때로는 내일에 대한 염려와 걱정으로 마귀가 나를 공격할 때면 나는 왜 그리도 약하였을까?

　때로는 지금도 마귀의 참소 앞에 나의 믿음이 상처받을 때가 있지만 돌아보는 그날의 나의 모습이 부끄럽다.

주님의 명령

왜 미국에 가야 하는지 그 이유에 대해 설명은 없으셨어도 기도원에 있는 동안 어느 날부터 미국에 가야 한다는 확신과 믿음을 심어 주시느라 구름기둥과 또 다른 환상을 보여주시며 주님은 나를 권면 하셨다.

그러나 환상의 구름기둥은 밝힐 수 있어도 또 다른 환상에 대해서는 여기 밝힐 수 없음이 유감이다.

나 또한 그 환상이 지닌 의미를 지금까지도 확실히 이해하지 못하고 있을 뿐 아니라 나의 이 간증을 읽는 분들에 행여 불편한 오해를 주기 싫어서이다.

내 이성으로는 받아들이고 믿는데 힘이 들었던 그리고 당시의 나의 형편으로는 그 꿈같은 주님의 약속은 그러나 그 질곡의 상황에서 나로 하여금 벗어나게 할 수 있다는 사실 하나만으로도 나를 감동케 하였고 그리하여 그 일이 이루어지기까지 나의 매일의 생활은 미국에 대한 소망으로 꽉 차 있었다.

그리고 그 소망은 열매를 맺어 그 해 1993년 10월 7일, 미국 LA를 경유하여 브라질 상파울까지 가는 비행기에 탑승했다.

그 악조건 속에서도 여권을 다시 발급받느라 1개월을 기다리고 그 수많은 제약이 따르는 환경에서 미국의 비자를 받기까지의 과정에서 누적된 정신적 육체적 피로와 함께 미지의 땅에서의 생활에 대한 불안들이 꿈이 이루어진 환희와 함께 엉켜 있었다.

그러나 지금까지는 물론 그 고난의 터널을 지날 때도 나를 지켜주신 주님께서 앞으로도 책임져 주실 것이라는 믿음으로 맡기고 나니 불안은 가시고 마음이 가벼워 졌다.

그러나 "나는 왜 미국에 가는 것일까?"

나로서는 목적도 이유도 모르는 여행….

10시간이 넘는 비행 끝에 비행기는 LA에 도착했다.

입국수속을 마치고 개찰구를 나서니 김광희 목사가 기다리고 있었다.

김광희 목사는 고등학교 재학중 친구로 LA에 소재한 기독교 대한 하나님성회에 속한 "생명문교회" 담임목사였다. 반가웠지만 특별한 대화는 없었고 특별히 묻는 말도 없었기 때문이었다.

그러나 친구들을 통하여 들은 대로 자기 나름대로의 어떤 판단을 하고 있는 듯 했다.

미국에만 가면 상황이 일변하여 내가 소망하는 쪽으로 상황이 바뀌리라 기대했는데 그러나 나를 감싸고 있는 그 무거운 고독과 자유하지 못한 상황의 어려움은 그리 쉽게 걷히지 않았다.

그렇게 미국에서의 1개월도 가슴에 묻어둔 많은 아픔들을 털어놓을 기회가 없는 안타까운 시간들이었다.

어느날 LA 소재한 순복음 신학대학교를 김광희 목사와 함께 찾아갔다.

대학원 과정을 배우기 위한 상담차였다.

그런데 가서 보니 학장과 김광희 목사는 오래 전부터 지연이 있는 사이였다.

나는 대학원 과정을 수속하기 위해 몇 가지 서류를 받아가지고 돌아왔다.

늦은 나이에 이제 새로이 그것도 미국 땅에서 새로운 삶을 시작하며 배워야 한다고 생각하니 괴로웠다.

'왜일까? 이 일이 주님의 뜻이라면 기뻐야 할 터인데…' 라고 나는 의문을 가지면서도 그러나 힘들어도 그 일이 주님께서 원하시는 길이라면 어쩔 수 없다는 생각이었다.

미국에 체류하는 1개월동안 가족들과 몇 번의 통화도 있었다.

그러나 그런 대화들은 가슴을 열어 놓은 것들이 아닌 무엇인가 뒤틀리고 힘겨운 상황에서 무엇인가의 가닥을 찾아갈 때의 힘들고 피곤한 과정일 뿐이었다.

가족에 대한 신뢰가 무너졌을 때 오는 공포와 허탈감 같은 것이 끝내 지워지지 않은 체 또한 그간의 나의 삶에 풀리지 않는 수수께끼 같은 많은 부분들의 의문들도 그대로 않은 체 나는 다시 미국으로 돌아갈 결심으로 하고 귀국했다.

그러나 주님은 나의 재 출국을 허락하지 않으셨다.

그리고 귀국과 함께 몇 개월 전 시작한 세탁용 세제와 함께 또 다른 다양한 제품들의 발명에 힘을 쏟게 하셨다.

그것은 새로운 도전이요 가시밭의 시작이었다.

그리하여 그로부터 20년동안 나는 다시 세상의 불이해와 가족들과의 갈등, 그리고 이혼의 쓴잔을 마시면서 고독한 행진을 하였다.

처음 시작할 때의 생각으로는 막연하게나마 늦어도 2-3년이면 끝이 나겠지 하였는데 아니었다. 가다 멈추게 하시고 그 기다림의 반복은 나로 하여금 엄청난 인내를 요구하였다.

그리고 20년이 지나서야 그 끝을 보여주기 시작하였다.

나는 이제 이 4장에서 귀국 후 그동안의 생활 속에서 체험한 몇 가지 일들과 함께 이 간증을 마치려 한다. 어찌 보면 그간의 나의 삶이 고독과 주림, 핍박, 조소 속에서도 매일의 삶이 기적이었다.

그러나 그 속에서도 특별히 잊혀지지 않는 체험들이 있다.

나는 그 중의 몇 가지 일들을 이 장에서 쓰려는 것이다.

신학원 졸업후 약 몇 개월의 기도원 생활과 그리고 그 후 지금까지의 생활속에서의 그 수많은 체험들을 다 쓸 수 없어서이다.

환희의 춤

쉰의 나이에 신학을 하게 하시고

사 년이 지난 어느 날

졸업장에 잉크도 체 마르지 않은

1922년 12월 어느 날

주님은 다시 나를 쇠사슬로 묶으셨다.

그 아픔의 날들이여

나는 한 마리 짐승이어서

웃음거리요 버린 자 같아

모두들 외면하였어도

그러나 그 날의 나는

듣지 못하는 것들을 들었고

보지 못하는 것들을 보는 것뿐이었거늘

이제 그 아픔의 사슬거두시고

주님께서 다듬으신 길을 가노니

자유여

기쁨이여

환희여

충만이여

찬송이여

춤이여라.

천사와 치료

귀국 후 이듬해인 1994년 5월부터 12월까지 약 7개월을 방주에서
조그마한 방을 구해놓고 자취하며 혼자 생활할 때였다.

광주는 나의 최초의 객지 생활의 근거지였기에 고향과 같은 느낌을
주는 곳이기도 하다.

그곳에는 여기 저기 혈육의 친척들도 있고 학창시절 친구 중 찾아 보
고픈 친구도 있었으며 내가 세상에 태어나 처음인 10대에 출석한 "계
림성결교회"가 있었고 신학원 동문중에도 교회를 개척하여 목회를 하
고 있었지만 주님은 그들과의 만남을 허락하지는 않으셨다.

당시의 나의 생활을 밖에서 보면 지극히 무료하게 시간을 보내는 매
일의 삶이 낭비처럼 보이는 그런 생활이었다.

그런 생활이 얼마나 힘들고 고독한가는 겪어보지 않고는 모르리라
얼굴은 흑갈색이어서 이방인처럼 보였고 그 속에서 때때로 치미는 고
독을 이기지 못하고 엉엉 울기를 몇 번 그 아픔이 언제 끝날지 알 수
없어 다만 인내만이 요구되던 날, 광주에 온지 한 달이 다 되어가는 어

느 날이었다.

새벽시간 눈을 뜰 때부터 심한 열과 두통 때문에 괴로웠다.

앉은 자세로 조용히 기도하며 주님께 아픔을 호소하고 있을 때였다.

갑자기 방안에서 천사들이 보였다.

그 중에는 특별히 키카 큰 한 천사가 있었다.

나의 방은 2층에 있었는데, 닫혀있는 창문을 그대로 통과해 나가면서 그 키 큰 천사가 말했다. "전도사님의 병이 나았으니 안심하십시오." 라고. 그리고 몇 마디 위로도 잊지 않았다.

천사들이 닫혀있는 창문을 그대로 지나 밖으로 나가자 즉시로 열도 두통도 사라졌다.

1년전 속초에서도 이와 비슷한 일이 있었는데 그때 일이 생각나며 떠오르는 성경 말씀이 있었다.

베드로의 장모에 대한 일이었다.

"예수께서 베드로의 집에 들어 가사 그의 장모가 열병으로 앓아누운 것을 보시고 그의 손을 만지시니 열병이 떠나가고 여인이 일어나서 예수께 수종들더라"(마 8:14-15)

예비하시는 주님

광주생활이 몇 개월째 접어드는 여름 어느 날이었다.

숙소는 걸어서 광주역까지 약 15분 거리였는데 아침 식사 후, 주님께서 광주역까지 나를 인도하셨다.

역 광장에 이르렀을 때 대합실 입구에 나이 40이 다 되어 보이는 분이 마치 걸인을 방불케 하는 초라한 모습으로 쭈그리고 앉아 있었다.

가까이 가서 보니 그분의 눈은 심히 충혈되어 있었고 하체가 부자유한지 거동이 불편해 보였다.

주님께서 그분이 아침식사를 할 수 있도록 돈을 드리라고 하셨다.

나는 지니고 있던 1만3천원 중 3천원을 드렸다.

다 드리고 싶은 생각이 없는 것은 아니었지만 당시의 나의 생활도 단 몇 만원으로 한달 생활을 꾸려가고 있을 때여서 선뜻 다 드릴 용기가 나지 않아서였다.

그리고 숙소로 돌아오는 중 내내 마음이 우울하고 답답했다.

이해할 수 없어 숙소에 도착하는 대로 조용히 무릎을 꿇었다.

"종아, 나의 뜻은 그 돈을 다 주는 것이었느니라. 네가 고난에 처해 있을 때 너를 돕는 손들을 기억하려므나."

"주님, 저의 탐욕과 어리석음을 용서하여 주시옵소서."

나는 회개한 후 다시 주님의 인도하심을 따라 어느 날 깨끗이 빨아두었던 여름 옷 몇 가지와 내의와 어느 날 거리에서 사두었던 양말 두 켤레와 얼마 전 서울집에 들렸다 내려올 때 별도로 준비한 성경과 찬송가를 비닐봉투에 잘 싸들고 다시 광주역으로 갔다.

그분은 그때 까지도 그 자리에 앉아 있었다.

나는 그분에게 다시 다가가 준비해간 물건을 드리며 그 분의 자초지종을 물었더니 건축업자에게 알루미늄 샷시 공사를 하청받아 일을 하던 중 실족하여 하반신을 마음대로 쓰지 못해 보행이 어려웠으나 지금은 상태가 많이 호전되고 있어 보행이 조금씩 가능하다면서 가정에는 아내와 자식이 있다는 말만 하였지 더 이상은 말하지 않았다.

그러나 어느 분을 꼭 찾아가 보고 싶은데 바꿔 입을 옷이 없어 망설였다면서 고마워하더니 내가 그 안에 성경과 찬송가도 함께 담았노라 하였더니 그분의 말이 자기는 초등학교 시절에 잠시 교회에 출석 한일 밖에 없지만 몇 일전부터 주님께 성경 한 권을 보내 주시라고 기도하였는데 그 기도가 응답이 되었다면서 기뻐하였다.

나는 자리를 뜨면서 조금 전에 다 드리지 못한 만원을 마저 드렸더니, 조금 전에도 아침 식사를 하라며 어느 분이 3천원을 주고 갔다면서 나를 몰라보았다.

나는 내가 다시 왔다는 말을 할 수 없어 부디 용기를 잃지 말고 주님께 기도하면 주님께서 꼭 형제의 앞날을 책임져 주실 것이라는 권면을 드리고 돌아왔다.

주님은 그제서야 집을 떠나 광주로 오던 날, 또 한 권의 성경과 찬송가를 준비하게 하심도 그리고 어느 날 시내를 산책 중 나에게는 별로 필요하지도 않은 양말 두 켤레를 사게 하심도 그리고 입던 옷이지만 그동안 잘 세탁하여 준비함의 모두가 그분을 위한 준비였음을 깨닫게 하시면서 그토록 무겁고 답답하던 나의 마음에 기쁨을 홍수처럼 부어 주셨다.

"내가 진실로 너희에게 이르노니 너희가 여기 내 형제 중에 지극히 작은 자 하나에게 한 것이 내게 한 것이니라 하시고"(마 25:40)

기도는 향기가 되어

이미 밝혔듯이 1994년 5월부터 12월까지 광주시에 조그마한 월세방을 구해놓고 몇 가지 목적을 놓고 기도하며 준비할 때였다.

어느 날, 집에 돌아와 하루 밤을 묵고 다음날인 1994년 9월 23일 새벽이었다.

당시 나의 방에는 내가 항상 기도하는 자리에 성경을 읽고 기도하는 조그마한 상이 있었는데 상이 놓은 벽면에는 "나의 힘이 되신 여호와여 내가 주를 사랑하나이다" 시편 18:1 말씀이 걸려 있었다.

바로 내 머리 위에서부터 시작된 원통형의 굴이 하늘까지 뚫렸는데 나의 기도가 영롱한 색깔들의 향기가 되어 그 원통형의 굴을 따라 하늘로 피워 오르고 있었다.

내 영혼의 시선이 하늘로 피워 오르는 내 기도의 향기를 따라가는데 발까지 덮힌 주님의 옷자락이 보이기에 나는 무심코 다시 위를 보다 찬란한 의상을 입으신 주님께서 나를 향해 손을 내미심을 보았다.

내 생각으로는 나의 손을 내밀면 주님 손에 닿을 것만 같이 가까운 거리처럼 느껴졌다.

나는 취한 듯 황홀한 마음으로 주님을 바라보고 있었는데 그때 주님의 음성이 들렸다.

"사랑하는 나의 종아, 너의 기도가 향기가 되어 나의 보좌에 상달되고 있느니라"

야곱이 형에게서 쫓겨 가다 광야에서 노숙하던 중 꿈속에서 하나님을 만나 뵙는 장면이 생각났다.

"야곱이 브엘세바에서 떠나 하란으로 향하여 가더니 한 곳에 이르러는 해가 진지라 거기서 유숙하려고 그 곳의 잔돌을 취하여 베게 하고 거기 누워 자더니 꿈속에 본즉 사닥다리가 땅 위에 섰는데 그 꼭대기가 하늘에 닿았고 또 본즉 하나님의 사자가 그 위에 오르락내리락 하고 또 본즉 여호와께서 그 위에 서서 가라사대 나는 여호와니 너의 조부 아브라함의 하나님이요 이삭의 하나님이라"(창 28:10-13)

눈물의 산

우리는 자칫 기도와 찬양을 다르게 생각하기 쉽다.

그러나 찬양과 기도는 결코 서로 분리하여 생각할 수 없는 같은 하나의 기도이다.

기도는 우리의 보편적 신앙생활 속에서도 주님과의 지극히 깊은 교제의 시간이요 방법이듯이 찬양 또한 이에 못지않은 같은 의미의 신앙 안에서의 진수이다.

시편 기자는 찬양의 귀함을 일러 이스라엘의 찬양 중에 거하시는 주님이라 하셨으니 우리의 신앙생활에서 찬양이 얼마나 귀한 것이며 하나님을 기쁘게 하는가에 대해 더 말해 무엇하랴.

1994년 9월 27일, 이날도 아침 기도시간 지금까지 저를 지켜주신 주님의 사랑에 감격하여 찬양으로 주님께 기도하고 있을 때였다.

환상이 보이는데 내 영혼의 눈물이 물줄기처럼 하늘에서 흘러내리면서 그 눈물이 쌓여 산이 되기 시작하였다.

그런데 그 눈물의 산 정상에는 내가 서 있었고 그 눈물의 산은 자꾸 높아지더니 하늘에 이르렀을 때 주님께서 거기 계셨다.

믿음을 지키느라 흘리는 우리의 눈물은 우리 심령의 토양에 기름이 되고 우리 믿음의 키를 주님을 만나는 자리에까지 이르게 함을 깨닫게 하시던 주님께서 나에게 이렇게 말씀하셨다.

"나의 가는 길을 오직 그가 아시나니 그가 나를 단련하신 후에는 내가 정금 같이 나오리라"(욥 23:10) 말씀을 이 아침에 나의 선물로 내게 주노라 하셨다.

빛의 향연

어느날 오후 광주시 충장로에 있는 어느 서점에서 책 한 권을 사들고 오는 길이었다.

신축중인 광주고등학교 앞 계림시장을 막 지났을 때였다.

갑자기 주위가 햇빛보다 더 밝은 빛으로 밝아지더니 오색 창연한 현란한 빛이 마치 명주실처럼 가는 선을 이루고 그 폭은 약 2-3m의 넓이로 나의 앞에서부터 하늘까지 드리워져 있었다.

나는 꿈에 취한 듯 가지 못하고 한참을 서 있었다. 치미는 감격을 억제하지 못하다 약 100m쯤 더 간 곳에 있는 나의 숙소까지가 숙소 아래층에 있는 매점 앞에 놓여있는 나무 평상에 걸터앉아 방금 전 그 황홀한 빛의 향연을 생각하고 있을 때였다.

다시 주위가 햇빛보다 더 밝은 빛으로 밝아지더니 눈부신 의상으로 단장한 천사들이 내 지척의 공중에서 원무를 치기 시작하였다.

처음에는 한 개의 원을 그리며 춤을 추더니 시간이 가면서 천사들의 수는 많아져 원무는 층층을 이루기 시작하였고, 마침내는 그 원무의 층층이 하늘까지 이어져 그 끝이 보이지 않았다.

그 때의 감격을 나는 어떻게 설명할 길이 없어 다음 한편의 시에 그 때의 감격을 담아 보았다.

현란한 천국의 빛

눈부시고

영롱한 빛으로

탔습니다.

너 현란한 무지개여

그곳은 천국의

길목이었을까

영원한 환희가

천국의 빛으로 불 탔어라

나 잠시 후

스러져가는 너를 보며

울기까지

벅찬 감격으로

말을 잊었음이여

수많은 말들이
내게 있어도
너 그릴 언어 없어
나 우네

광주의 7개월을 마치던 날

힘이 들어 며칠 동안은 거의 기도를 드리지 못하였다.

그래서였을까, 영육간의 피로가 나를 덮쳤다.

"주님, 저를 도와 주시옵소서." 그러나 주님은 또다시 열흘간의 아침

금식을 명령 하셨다.

그 열흘간의 아침 금식을 마치던 아침이었다.

소변이 마치 진한 포도주색이었다.

사뭇 윤기도 났다. 내가 의아해 하고 있을 때였다.

주님께서 말씀하셨다.

"네 아픔이니라" 뜨거운 눈물이 볼을 타고 흘렀다.

"주님, 저를 불쌍히 여겨주시니 감사합니다."

나는 울면서 주님께 감사하였다.

다음날 아침에도 똑같은 일이 있었다.

아픔 때문에 주님의 사랑 때문에 우는데

"좋아, 이제 집으로 가자."

"주님, 감사합니다."

나는 주섬 주섬 짐을 챙겨 그날로 광주를 떠났다.

욥의 아픔이 생각났다. 지닌 것을 다 지우는 아픔은 컸어도 그는 그 아픔을 통해 갑절의 큰 그릇으로 키움 받아 기왕의 누리던 축복을 지운 자리에 갑절의 복을 받지 않았던가?

"우리는 환란 중에도 즐거워하나니 이는 환란은 인내를 인내는 연단을 연단은 소망을 이루는 줄 앎이라"(롬 5:3-4)

성령님과 함께 하는 삶, 길들여지기 까지는 힘이 든다. 그리고 그런 삶이 타인의 눈에는 의지의 포기 같은 무력한 삶 같아도 그러나 이보다 더한 완전하고 행복한 삶이 있을 수 있을까?

그것은 불완전한 내 의지만으로 사는 삶이 아닌 전지전능 무소부재하시고 영원하시고 무한하신 하나님의 의지 속에 우리를 담았기 때문이다.

그런 삶을 잃을까봐 하나님께 부르짖던 다윗의 기도는 우리의 심금을 울린다.

"나를 주 안에서 쫓아 내지 마시며 주의 성신을 내게서 거두지 마소

서"(시 51:11)

　나는 때로는 길을 가다가도 내가 혼자 있다는 생각이 들 때면 습관적으로 걸음을 멈추고 내주하신 하나님의 음성을 듣고자 귀를 기울인다.

　그러면서 묻는다.

　"성령님, 저는 지금 혼자 있는 느낌입니다."

　그러면 그때마다 주님은 나의 그런 의문에 즉시 응답하신다.

　"종아, 너는 나와 함께 있단다." 라고 그러면 나는 또 위로와 안심 끝에 가던 길을 다시 가며 영육의 힘을 얻곤 한다.

　물론 길을 갈 때만이 아니다.

　범사에 성령님의 인도를 받으려 애쓴다.

　"너희는 주께 받은바 기름 부음이 너희 안에 거하나니 아무도 너희를 가르칠 필요가 없고 오직 그의 기름 부음이 모든 것을 너희에게 가르치며 또 참되고 거짓이 없으니 너희를 가르치신 그대로 주안에 거하라"(요한일서 2:27)

여로

삶은 다 그러려니 하다가도

피처럼 아플 때이면

나의 출생을

원망하기도 했다.

그러나 한번뿐인 삶이어서

스산한 길목에 버릴 수 없어

하나뿐인 생명 부둥켜안고

힘든 짐 다시 추슬러

걷곤 했다.

안으로만 삭힌 절규여

삼동을 먹고 핀

동백만큼이나 붉었어도

마음에만 새겨둔 채

묻어둔 아픔들이여

침묵은 계곡만큼이나

상처의 자욱으로여서

한하고 서러웠던

시간들이 간 지금에사

생명이 강같이 흐르는 길을 가며

나 웃으며 하늘 보내

어느 날의 거룩한 손

나의 이종 처남 중 "전태봉"이라는 분이 있다.

고향은 전라북도 익산시 이고 당시는 수원에서 초등학교 교사 생활을 하고 있을 때였다.

내가 고난의 날에 미국에서 돌아온지 얼마 안되어 만났을 때 처남은 골수암으로 고생하고 있었다.

어느날 처남의 고향인 익산시에서 투병중인 처남을 만나 뵙고 우리의 주이시며 전능하신 주님을 믿고 의지할 것을 간곡히 권했다.

그리고 몇 개월이 지난 어느 날이었다. 주님은 전태봉 처남을 위한 기도를 집중적으로 하게 하셨다.

그렇게 처남의 기도를 집중적으로 드리던 어느 날이었다. 어느 주일 새벽이었다.

내가 고난의 때에 기도원에서 보았던 십자가 밑 강보 위에서 벌거벗은 채로 울고 있는 나를 주님께서 끌어 안으시던 환상을 기억나게 하시더니 거칠고 손마디가 굵은 큰 손이 바로 내 눈앞에 보이고 그 큰 손의 두 팔이 무엇인가를 끌어 안으시는 것이었다.

시간이 지나면서 그 손의 두 팔로 끌어안고 있는 것이 보이기 시작하였는데 그것은 조그만 새 집이었고, 그 새 집 안에는 갓 부화된 어린 새 한 마리가 힘을 다해 입을 벌리며 먹이를 청하고 있었다.

그때 주님께서 말씀하셨다.

"이 새는 전태봉이니라. 내가 이 아들을 사랑하노라."

주님은 이제 갓 부화된 새 집의 새를 보고 나의 이종처남 전태봉이라 하셨고 그 갓 부화된 새가 전태봉의 영적인 출생의 의미가 담긴 환상임을 깨닫게 하셨다. 그 환상과 주님의 말씀을 들으며 침묵 속에서 기도하는 나에게 주님은 또 말씀하셨다.

"종아, 그가 치료를 받았느니라." 그리고 내 앞에서부터 수원 처남댁까지 긴 터널이 이어졌는데 내가 성경과 찬송가를 들고 그 터널 속을 걸어 수원 처남댁까지 걸어가고 있을 때였다.

얼마쯤 가는데 처남의 방안이 보이는데 그 방 한가운데 서 계신 주님께서 주님 앞에 무릎 꿇고 고개를 숙이고 있는 처남의 머리에 두 손을 얹으시고 기도하고 계셨다.

그리고 그날 저녁시간 기도하는데 또다시 새 집을 안고 있는 주님의 그 큰 손만 보였다.

그리고 주님께서 다시 말씀하셨다.

"그가 살았노라." 나는 기도를 마친후 아내와 당시 우리집에서 함께 생활하던 처형에게도 이 일을 말하였다.

그리고 나는 그때부터 처남이 분명히 암에서 치료 받았으리라 믿기 시작하였다. 그리고 다시 며칠 후 수원 처남댁을 찾아가 조심스러운 마음으로 그동안 내가 신앙 안에서 겪은 몇 가지의 간증과 함께 전도를 하고, 다음날은 또 아내와 함께 처남을 찾아갔다.

그리고 처남댁이 준비한 저녁식사도 함께 하면서 그날은 주로 아내로 하여금 동생에게 복음을 전하도록 나는 가능한 침묵하고 있었다.

그런 일이 있었고 몇 달 후 처남은 이 세상을 떠났다.

아내를 통하여 처남의 부음을 접하였을 때 내가 받은 충격과 갈등은 컸다.

그러면 그때 본 환상과 주님의 약속은 어떻게 되는 것인가?

주님은 그 장례에 참석을 허락하지 않으셨다.

아내 혼자 장지를 향해 떠나고 나는 많은 갈등과 의문의 숙제들을 풀지 못하고 고민하며 답답한 나머지 어떤 특별한 목적도 없이 서울대공원을 찾아갔다.

지하철에서 내려 공원 입구를 걸어가며 계속 갈등과 회의 속에 괴로워하고 있는데 주님께서 말씀하셨다.

"종아, 전태봉이는 내 아들이니라. 그는 나와 함께 있느니라."

'예수를 믿지 않고도 천국에 가다니 그러면 성경이 거짓말을 하고 있다는 말인가? 아니다, 이것은 사단의 음성이다.'

"이 더러운 귀신아, 마귀야, 사탄아, 나는 너에게 속지 않는다. 예수 이름으로 명한다. 내게서 떠나 가라."

나의 이 의문의 생각과 귀신을 쫓는 축사가 끝나기 바쁘게 주님께서 다시 부드럽고 따뜻한 음성으로 말씀하셨다.

"종아, 나이니라. 나의 말을 믿어라."

그리고 이어서 나의 시야에 현란한 천국의 의상을 입고 기뻐 뛰는 처남의 모습이 보였다.

"형님, 고마워요. 매형, 고마워요."

처남은 나에게 형님이라 부르다 매형이라 부르면서 때로는 나를 향해 손을 흔들며 기뻐 뛰었다.

구원의 기쁨을 이기지 못하고 감격해 하는 처남의 기쁨이 나의 영혼에도 파도처럼 밀려왔다.

그러면서 처남은 세상에 있으면서 아직 하나님을 모르는 어머니와 두 분 형님을 위해 기도해 달라는 부탁도 했다.

그리고 긴 시간 처남의 그 천국에서 기뻐하는 모습이 지워지지 않았다.

그러나 이어서 또 찾아오는 회의 '예수가 없는 구원도 있단 말인가?'

그동안 신앙생활과 수년간 배운 구원관이 허물어지는 충격이 나를 힘들고 괴롭게 했다.

다시 나의 마음에는 혼란이 오고 방금 보고 들은 환상들이 꿈이 아닌가 하는 생각도 들었다.

그런데 처남의 천국에서 기뻐 뛰는 그 감격의 춤을 다시 보이기 시작하였다.

나도 무엇인가를 처남에게 말하고 싶은 충동을 느끼며 입을 열려고 하였지만 그러나 나의 혀는 움직이지 않았다.

"종아, 보고 듣기만 하여라." 주님의 말씀이셨다.

그날은 종일 구원에 대한 혼란 때문에 마음이 답답하였다.

밤늦은 시간 장지에서 곧바로 온다면서 아내가 돌아왔다.

그리고 아내의 일성 "여보, 동생 구원 받았습니다."

"여보, 그게 무슨 말이요. 처남은 그동안 신앙생활도 하지 않았고 우리가 가서 그렇게 전도할 때도 응답이 없었잖소?"

그러나 아내가 들려주는 자초지종은 달랐다.

처남의 딸이 출석하는 교회의 목사님이 처남의 문병을 계속 오셔서 전도 끝에 어느날 처남은 신앙고백과 함께 주님을 영접하였으며 장례도 목사님과 교회 성도님들이 오셔서 교회장으로 치렀다고 하였다.

하루 종일 내 마음에 먹구름처럼 덥혀 있던 의문의 암울한 구름이 한순간에 걷히면서 끝없는 감사가 강같이 넘치기 시작하였다.

"주 예수를 믿으라 그리하면 너와 네 집이 구원을 얻으리라"(행 16:31)

그제야 임종의 머리맡에서까지 한 영혼의 구원을 위해 수고하는 전도자들의 깊은 뜻을 이해할 수 있어 그 분들의 수고에 머리가 숙여졌다.

못다 한 회개

1995년 12월 22일, 여의도 순복음교회에서 주일 예배를 마치고 교회 서점에 들려 책 한 권을 사들고 서점 입구를 나섰을 때였다.

어느 분의 큰 손이 나의 옆구리에 넣어 뱃속에서 뱀 한 마리를 집어내더니 그 뱀의 머리를 손에 들었는데 뱀은 죽어서 축 쳐져 있었고 그분의 내 앞에서 몇 발자욱을 가는 동안 뱀은 머리부터 그 형상이 서서히 지워지더니 잠시 후에는 완전히 지워졌다.

"저 분은 누구일까?" 혹 주님이실 지도 모른다는 생각을 하고 있을 때였다.

그분께서 가던 길을 멈추고 나를 향해 뒤돌아 보시는데 그분은 정말 주님이셨다.

그리고 잠시후 주님의 모습은 보이지 않으셨다.

그날 밤이었다. 밤 11시쯤 잠자리에 들었는데 새벽 1시쯤 잠에서 깼다.

그리고 잠시 후 비몽사몽간에 온 허리의 뼈가 우두둑 소리를 내며 다 뒤틀렸다. 견딜 수 없는 통증에 거의 숨이 막힐 것만 같았다.

그러다 잠시 후 뒤틀렸던 뼈들이 다시 제자리를 잡는 것 같았고 통증도 사라졌다.

그때였다. 성령께서 영감으로 깨닫게 하시는데 방금 허리의 모든 뼈의 뒤틀림의 통증은 그동안 살아오면서 심한 노동으로 뒤틀린 허리의 모든 뼈들을 한순간에 교정하셨다고 하셨다.

그러시면서 그 시간에 함께 지난날의 몇 가지 허물들도 기억나게 하시면서 방금 그 아픔은 나의 그 지난날의 허물을 지우신 주님의 사랑이기도 하였느니라 하셨다.

"종아, 나도 아팠느니라. 그러나 이 아픔 또한 무위한 아픔이 아님을 알아라. 이 아픔과 함께 그 수많은 허물들도 지웠느니라." 하셨다.

그때 기억나게 하시던 허물 중에 하나를 여기에 쓴다.

이 간증에 서두에서도 밝혔듯이 내가 여의도 순복음교회에 출석한 이듬해 1985년 1월초 어느날, 성령세례를 받아 나도 다른 분들처럼 방언으로 기도하고 찬송도 하게 해달라는 기도를 주님께 드리면서 이런 기도도 드렸었다.

"주님, 저 같이 미련하고 어리석은 것이 살아오면서 주님 앞에 지은 그 많은 죄들을 어떻게 다 기억할 수 있어 그 많은 죄들을 다 회개할 수 있겠습니까? 그러나 나의 죄를 다 아시고 보시는 주님 이 시간에 나의 죄들을 하나로 묶어 다 용서하여 주시고 저에게 성령세례를 허락하여 주시면 살아가는 동안 생각나는 죄들을 하나 하나 회개 하겠습니다." 라고 주님은 그런 나의 기도에 응답하시고 다음날 새벽예배 시간에 형언할 수 없는 감동과 함께 성령세례를 허락하셨는데 그러나 나는 그날 주님께 드린 나의 서원의 기도를 까마득히 잊고 지내다가 신학원 졸업과 함께 고난의 풀무에 던지움 받고서야 그날의 약속을 지키지 못한 허물을 깨닫고 울었었다.

그러나, 그 때의 눈물이 그 허물에 대한 회개의 전부는 아니었음을 깨닫게 하시던 주님, 하늘로도 땅으로도 도무지 맹세하지 말라는 성경말씀을 다시 깨닫게 하시면서 다시는 주님 앞에 지키지 못할 맹세를 하지 말라는 다시 한번의 깨달음도 주셨다.

대인관계의 약속이란 유한하여도 하나님과의 약속은 지키지 못하였을 때는 영원한 빚으로 남기 때문이지도 모른다.

그러나 우리가 힘이 없어 의지는 있어도 우리의 행위가 다 따르지 못해도 우리는 우리의 허물을 다 사함받을 수 있다니 그 한없는 사랑 앞에서 감격하지 않을 수 없다.

"만일 우리가 우리 죄를 자백하면 저는 미쁘시고 의로우사 우리 죄를 사하시며 모든 불의에서 우리를 깨끗하게 하실 것이요"(요일 1:9)

침묵의 세월

나는 왜 이리 되었을까?

나는 여전히 영과 육이 건강한대 주위의 많은 사람들의 나를 보는 시선이 불편해 보였고 나와의 부딪힘이 싫어 나를 비켜감을 보면서 나의 마음은 슬펐다. 그러던 몇 개월 후 나는 집을 팔고 경기도 고양시로 거처를 옮겼다. 그리고 그 또한 주님의 뜻이심을 이사 후 그냥 깨달았다.

한창 개발의 도시여서 도시도 같고 시골도 같은 곳, 나는 그곳에서 내 의지와는 전혀 관계없는 새로운 삶을 준비하기 시작하였다.

1993년, 미국에 가기 전 속초에서부터 시작한 울이나 실크 등을 물에 세탁하여도 되는 세제 첨가제를 기존의 기능을 제고시키는 실험을 계속 했다.

고독한 싸움은 나를 힘들게 하였어도 상품으로서의 충분한 가능성이 보이는 제품이었기에 날마다 반복되는 피곤함을 이길 수 있었다.

그리고 1년쯤 지나 여의도에 조그마한 규모의 사무실을 준비하고 판매를 시작하였다.

거대한 부도 꿈꾸며 시작한 사업이었는데 결과는 의외로 부진하여 한 발자욱도 진전이 없어 피곤하였다.

그렇게 1년쯤 버티어 오던 어느 날, 제품의 기능에 있어서는 안될 결함이 드러나 그 기능의 보완 없이는 더는 지속할 수 없어 꿈을 접었다.

그런 후에 그 제품에 대해 주님은 전혀 진전을 허락하지 않으셨다.

그렇게 1년쯤 인내하던 어느 날이었다.

이 제품은 내가 새롭게 만들어 줄터이니 기다리라 하셨다.

그래서 주님의 그 약속만을 기다리는 나의 생활은 남이 보기에는 무위도식 하는 모습이었다. 그래서 어느 분은 내게 찾아와 왜 한참 일할 나이에 손을 놓고 있느냐고 하는 분도 있었다. 그러나 나는 침묵할 수밖에 없었다. 나의 사정을 그 분에게 말하기가 힘들어서였다. 그런 시간 속에서 나도 서서히 지켜가던 어느 날 주님께 깊은 기도도 해보지 않고 교회 개척을 준비하던 차에 지금은 고층 아파트가 들어 선 덕양구 행신동에 소재한 어느 상가 지하실을 임대 받기 위한 계약을 하려고 가던 날이었다. 그 건물까지 약 20m쯤 가까이 갔을 때였다. 갑자기 땅에서 발이 움직이지 않았다.

내가 의아해 하고 있을 때였다. 마음의 깊은 곳에서 주님의 음성이 들려왔다. "아들아, 생각을 접어라. 네가 만들고 있는 이 제품들 속에는 네가 지금 계획하고 있는 교회 개척도 함께 하고 있단다. 나는 알파요 오메가가 아니더냐? 내가 시작한 일이니 내가 마칠 것이니라." 뜨거운 눈물이 쏟아졌다.

주님의 뜻과는 관계없는 내 의지의 길을 가려는 나의 허물은 탓하지 않으시고 그래도 나 같은 것을 당신의 사랑의 끈으로 붙들어 주시는 주님의 사랑을 원망하는 어리석은 눈물이었다. 그 일이 있고 몇 개월 후 주님은 나를 다시 분주히 움직이게 하였다. 그런 반복의 삶이 때로는 나를 지치게 하였어도 그러나 언제인가는 끝이 있음을 약속하신 주님의 약속이 있으셨기에 나는 결코 그 소망의 끈을 놓을 수 없었다.

주님께 들은 말씀

세상에다 하면

턱없는 소리라 하겠기에

가슴에 묻고 침묵하였다.

긴 날의 침묵 이였다.

아,

그러나 그 말씀

이루시기 까지

아프던 날들의 땀이여

어느 때는 나도 나를

버리신 줄 알았는데

이제는 그 말씀 이루시고

나 이제 새로 열린

지평을 간다.

수면 중의 기도

   그러던 어느 날, 한 달 쯤 집을 떠나 혼자 있고픈 생각에 미국에 가기

전 몇 개월을 머무르며 수많은 체험이 있었던 속초로 갔다.

   여인숙에 한 달 숙박료를 미리 지불하고 이주쯤 지나서였다. 주님은

다시 집으로 가자 하셨다.

여인숙 주인에게는 말하지 않고 다음 날 속초를 떠났다. 그런데 집에 도착한 날부터 복부에 통증이 오기 시작하였다.

이틀 연속 병원에 찾아갔으나 의사는 확실한 원인을 규명하지 못하였다.

그리고 3일째 되던 날, 의사는 상당히 긴 시간 검진 끝에 어디론가 전화를 하더니 함께 간 아들에게 메모지 한 장을 주면서 독립문 옆에 소재한 "세란병원"으로 지금 즉시 가라는 것이었다.

다시 병원까지 가는 동안도 통증은 나를 힘들게 하였다.

아내가 입원 수속을 하는 동안 나는 더는 견딜 수 없어 지나가는 여의사를 붙들고 내가 지금 곧 죽을 것만 같다고 하였더니 의사도 나의 상태가 심상치 않음을 알았는지 지체하지 않고 서둘러 응급실로 나를 인도하였다.

그렇게 나는 응급실로 들어선 기억 밖에 없는데 몇 시간 후 내가 의식을 회복하였을 때 나는 담석 제거 수술을 마친 후 였다.

고통이 물러간 나의 육체에 평온의 강물이 넘치고 있었다.

드러낸 담석은 버리지 않고 입원실에 보관되어 있었는데 그 모양도 크기도 꼭 팥과 같았다. 그리고 그 수는 무려 100개가 넘어다.

나는 더 보기가 역겨워 담석을 쓰레기통에 버렸다. 그리고 며칠 후였다.

어느 날 밤, 병실 복도에 앉아있는데 옆 침대의 환자가 내게 다가와 인사하였다. 눈 마침만 있었지 한 번도 대화는 없었던 분인데 내 옆자리에 앉더니 의외의 말을 하였다.

내가 수면 중에도 기도하는 것을 보고 감동을 받았노라고 하였다.

나는 그 분이 농약을 먹고 자살을 기도하다 병원에 실려 왔다는 말을 병실의 어느 분에게 들은 것이 전부였다.

그러면 주무시는데 불편 하셨겠네요. 미안합니다. 라고 사과 하였더니 그 분의 대답은 의외였다. 아닙니다.

저는 선생님의 기도 때문에 살았습니다. 하면서 다음과 같이 말하였다.

자기의 영적신분은 강도사로 어느 교회의 부 교역자로 재직중 하늘나라 일을 멈추고 세상에 나아가 자기가 평소 가지고 있는 기능의 건축계통의 일을 하다가 주님의 채찍을 맞았노라고 하였다.

그런데 밤마다 수면 중에도 기도하는 나를 보고 이제는 주님께 다시 돌아 가겠노라 결심하였노라 하였다.

주님께서 우리를 사랑하시는 방법은 참으로 무안하시고 오묘하시다.

그 분의 그 날의 아름다운 결심이 풍요로운 결실을 이루었으리라 믿으니 행복하고 기쁘다.

내게 주신 방언의 비밀

내 인생의 전환기였던 10년전 성령세례와 함께 주님의 사랑의 선물로 받은 방언은 나의 신앙을 성장시킨 능력이었다. 그리고 방언통역의 은사를 받기까지의 10년 가까운 시간의 기도의 땀, 또한 적지 않았다. 그리고 방언통역이 은사를 통하여 내안에 계신 주님의 우리에 대한 사랑이 무한함을 깨달았고 주님 앞에 나의 존재가 얼마나 미약한가도 알았다.

그러기에 나의 매일의 삶은 잠시도 주님을 떠나서는 생각할 수 없었고 때로는 힘들고 슬퍼도 내 삶의 전부를 주님께 맡기려 노력하였다.

어떤 동기가 부여된 활동이 있는 날은 무료함이 없어 시간의 흐름을 의식하지 않아도 되었지만 그러나 무료함 속에서의 하루하루의 시간은 무척이나 길고 힘이 들었다.

어느 날이었다. 일산 호수공원을 찾아가 물가에 앉아서 여러 가지 생각을 하고 있을 때였다.

성경은 창세기 11장에서 인간의 교만의 상징인 바벨탑 사건으로 인하여 하나였던 우리의 언어가 다양한 언어로 쪼개지면서 인간의 언어로 소통에 혼잡이 시작되었음을 밝히고 있다.

그러면 태초에 인간이 사용한 언어는 지금 이 땅에 존재하지 않는 것일까? 또한 존재한다면 어느 나라 말이 그 때의 언어일까? 하고 생각하고 있을 때였다.

주님께서 물으셨다.

"그게 그렇게 궁금 하느냐?"

"예."

"지금 네가 하고 있는 방언이 인간의 최초에 사용한 언어였느니라."

기쁨 반 감격 반 나는 할 말을 잃고 침묵하였다.

그리고 지금 생각해보니 나는 이 글을 쓰는 지금까지도 그 날, 나의 의문에 답해주신 주님의 사랑에 감사하지 못하였음을 깨닫고 부끄러울 뿐이다.

"주님, 죄송합니다. 날마다의 삶이 죄인 것만 같아 부끄럽습니다."

다 못쓴 여정은 묻어둔 채

다시 긴날의 고루 끝에 울이나 실크 등도 물에도 자유로이 세탁할 수 있는 기능성 세제 첨가제를 만들어 주셨다.

그러나 주님은 상품화를 허락하지 않으시고 곧이어 미용과 치료의 기능이 함께하는 제품을 만들게 하셨다.

다시 고독한 싸움은 시작되었다. 나의 의지와 지혜와는 무관한 일에 또다시 매달려 인내하는 동안의 나의 삶은 때로는 너무 슬프고 외로웠다. 그러나 탈모로 괴로워하는 분이 옛모습을 다시 찾고 기뻐하는 것을 보고, 또한 아토피의 고통에서 벗어난 분들의 본인과 가족들의 기뻐하는 모습을 보며 새로운 힘을 충전받곤 하였다. 그러나 어느때는 그로 인해 사기꾼 취급을 받을때는 슬펐어도 주님은 항변같은 것을 허락하지 않으셨다. 당시의 나의 생활은 지금이나 마찬가지로 주변의 분들과 거의 대화가 없는 삶이어서 나의 일상은 지극히 삭막하고 외로웠다.

그러던 어느날, 아내로부터 이혼을 요구 받았다.

부부로서의 신의나 애정은 이미 지워진지 오래였지만, 그러나 분투한 삶이 너무 허무하게 지워지는 것 같아 아쉬움을 뛰어넘은 그 어떤 격한 감정이 나를 슬프게 하였다. 그러나 우리는 범사가 주께로부터 온다는 성경 말씀을 잊고 살때가 많다. 그리고 고난 또한 주님의 뜻 안에서 주시는 고난은 주님의 깊은 사랑의 선물일 때가 있다. 성경의 대표적인 예로 욥의 삶은 그런 의미에서 우리에게 큰 교훈이 된다.

그러나 이혼의 요구는 예견하지 못한 갑작스러운 일이어서 그 일이 주님의 뜻인가를 알고싶어 며칠을 기도 하였지만 주님은 답을 주시지 않으셨다. 며칠이 지난 후 이혼은 다시 재촉되었다. 나의 처지가 너무 초라해 보였고 '이제는 그 자리에 더 있어서는 안되겠구나' 하는 생각과 함께 기도끝에 그런 나의 생각이 주님의 뜻임도 알았다. 더는 머무를 이유가 없었다.

조용히 기도하는중에 40년 가까이 부부로 살아온 삶을 정하는데 특별한 감정의 충돌없이 그 일을 마쳤다.

2000년 8월 어느 날이었다.

60의 나이에 나는 또 홀로 길을 나섰다.

'주님, 저는 또 어디로 가야 합니까? 알 수 없는 미래를 두고 길을 나서는 나의 눈에 뜨거운 눈물이 고였다. 그리고 또 20년 여기까지 오는 동안 때로는 주렸고 추위에 떨었다. 그리고 참으로 힘든 날은 생명과 관계없는 그 어디엔가 갇힌 것 같은 절망감에 오열하였다. 그러나 하나뿐인 생명이어서 생명에 대한 애착을 피같이 진하였고 그 힘든 여정속에서도 주님은 나로 하여금 발명의 꿈을 놓치지 않도록 도우셨다.

심히 힘들 때이면 "주님, 여기서 끝내 주시면 안되겠습니까?" 한번쯤 여쭈어 보고 싶었지만 그러나 내 의지나 지혜에서 시작된 일이 아니라서 침묵하셨다. 그러던 어느 날이었다. 보다 정확히 말하면 2017년이 다가온 12월 어느 날이었다.

"아들아, 힘든 길을 인내하며 와주어 고맙구나."

지금 내가 하고 있는 일에 대해 깊은 의미가 함께 하는 엄청난 말씀이었지만 그러나 지쳐서 였을까?

실감이 나지 않았어도 어렴풋이나마 나의 생각에도 끝이 보이는 듯 싶었다. 그리고 어느 날 부터는 가끔 이런 말씀도 하셨다.

"아들아, 엄청난 일이 시작되고 있느니라."

그러나 그 엄청난 일의 내용에 대해서는 말씀하시지 않으셔서 그 엄청난 일이 감당하기에 힘든 일이 아니었으면 하고 마음으로 바랬다. 그리고 또 어느 날은 힘들게 걸어온 여정을 돌아보게도 하셨다.

손잡아 주는 아무도 없는 삭막한 길을 걸어오는 칠순의 문턱을 넘은 지 오래인 머리가 희어진 한 노인의 초라한 모습이 보였다. 내 모습이었다.

뜨거운 눈물과 함께 한동안 울었다. 그때 주님께서 말씀하셨다.

"아들아, 내가 너를 사랑한단다."

내가 심히 지쳐 있을 때면 나로 하여금 용기를 잃지 않게 하려고 주님께서 가끔 주시는 위로와 권면의 말씀이었다.

"주님, 고맙습니다."

그리고 또 다른 말씀도 드리고 싶었지만 자칫 누를 자초할지도 모른다는 생각에 침묵하였다. 그러나 힘들었던 날의 열매들로 아직은 타인의 손이 미치지 못한 영역의 기이하고 경이로운 선물들을 주님께로부터 받았기에 지난 날의 고난이 헛되지 않았다는 생각에 위로를 받는다.

그런데 그 해를 넘기고 2017년이 다 가고부터 갑자기 몸의 건강에 이상의 징후가 나타나기 시작하였다.

어느 날은 배가 고픈데도 음식을 앞에 두고 먹지 못하였다. 받아 주지 않아서였다. 그리고 때로는 무서운 신열이 덮쳤고 때로는 온 창자가 넘어 올 것만 같은 역류의 통증도 있었다. 그리고 어느 날은 우연히 체

중을 달아 보았더니 평소보다 8kg이 줄어 있었다. 그리고 여기 다 설명하기 힘든 여러 가지 고통이 따랐다. 그러나 내게는 병원을 찾아갈 형편이 못 되었다.

당시 나는 고양시 덕양구에 소재한 고시원에서 수년 동안 지극히 힘들고 어려운 생활을 하고 있었기 때문이었다.

그러던 어느 날, 주님께서 말씀하신 엄청난 일이 다가왔음을 알게 된 것은 2018년 3월 어느날부터였다.

무서운 열과 배안에서 엄청난 통증이 계속 되었다. 내 힘으로는 감당할 수 없는 무서운 통증이었다. 며칠의 이 무서운 폭풍이 지난 후에 안 일이지만 당시 나는 말기 위암과의 사투였다. 그 힘들고 무서웠던 며칠동안 나는 물도 거의 마시지 못한 탈진의 상태여서 주님께 애원하고 있었다.

"주님, 저를 빨리 죽여주세요." 라고 그리고 나의 생각에도 암 같아서 주님께 물었지만 주님은 대답은 않으시고 며칠만 인내하라 하셨다.

그러나 그런 상태에서 며칠이라니 기가 막혔다. 더는 견딜 수 없어 자해라도 하여 목숨을 끊고 싶었지만 주님 앞에서 참아 그 일만은 용기를 내지 못하였다. 내 의지의 한 방울의 땀까지 다 쏟았다고 생각되는 며칠 후 였다.

2018년 3월 14일 이었다. 나의 배위에 마음으로 십자가를 그리게 하셨다.

그리고 이어 손으로 계속 몇 번을 반복하여 그리게 하였다. 그리고 무엇인가 하체로 쏟아질 것만 같은 느낌에 분주히 화장실을 찾았지만 무위한 수고 였다. 그리고 통증이 조금 멎은 사이 잠시 수면을 취하였는데 깨어보니 나의 하체는 온통 오물로 덮어쓰고 있었다.

정신없이 목욕탕으로 갔다. 목욕탕에 들어서기가 바쁘게 또 물 같은 오물이 하체를 통해 상당량 쏟아졌다.

한 순간 일이라 어떻게 감당할 수가 없었다. 그리고 또 이어 주먹만만 크기의 물체가 하체를 통하여 쏟아졌다.

나는 그것도 변이겠지 하고 발로 밟아 보았다. 남이 오기 전에 빨리 치워야 하겠기에 마음이 바빠서 였다.

그러나 그것은 변이 아니었다. 발로 밟아도 지워지지 않는 딱딱한 물체였다. 주님께서 그제서야 말씀하셨다.

"아들아, 네가 이제 살았느니라. 암 덩어리 이니라."

갑자기 어떤 저주의 눌림에서 해방된 자유가 범람하는 파도처럼 밀려왔다. 나는 죽음에서 해방된 기쁨을 억제할 수 없어 주님께 외쳤다.

"주님, 나는 누구입니까? 나의 생명은 누구의 것입니까?"

나 같은 것이 무엇이기에 그것도 두 번씩이나 말기의 위암에서 건져 주신 주님의 사랑이 믿어지지 않아서였다. 그때 주님은 웃으시며 말씀하셨다.

"이 놈아, 나는 아프게 하다가도 싸매고 상하게 하다가도 치료한다.

하였지 않느냐?" 라고.

여기까지 오는 동안의 주님께서 내게 배푸신 사랑의 비밀을 다 쓸 수 없다.

때로는 처절한 고난 속에서도 때로는 환희의 잔도 마시게 하면서 절망하거나 포기하지 않도록 지켜주신 주님의 사랑에 감격하지 않을 수 없다.

그러나 여기까지 오는 동안 동이 트기를 기다리며 아픈 밤을 앓고 울었다. 이제 대지에도 봄이 오는 소리 지척인데 나도 이제 헝크러진 머리 다시 빗고 봄이 오는 길목에 시선을 보낸다.

송두리째 무너질때는
절망은 나를 삼키려했다.

그 아픔위에도
돌을 던지는
타인의 아픔을 즐기는 자들을 보았다.

그래도 울지않았음은
강해서가 아닌
울힘이 없어서였다.

그래도 나는죽지않았고

밟히며자란 풀들처럼

상처로남은 모습이어도.

주님의 사랑으로

다시걷는다.